Elisabeth Steinmann

ICH BIN SO GERNE ALT

Lust und Last der späten Jahre

Campus Verlag
Frankfurt/New York

Die Deutsche Bibliothek – CIP-Einheitsaufnahme

Steinmann, Elisabeth:
Ich bin so gerne alt : Lust und Last der späten Jahre / Elisabeth
Steinmann. – Frankfurt/Main ; New York : Campus Verlag, 1993
ISBN 3-593-34816-0

Copyright © 1993 Campus Verlag GmbH, Frankfurt/Main
Umschlaggestaltung: Atelier Warminski, Büdingen
Umschlagabbildung: Carola Schapals: Menschen, Blumen
und andere Lebensschwärmer, 1992, Gouache
Satz: Fotosatz L. Huhn, Maintal-Bischofsheim
Druck und Bindung: Druckhaus Beltz, Hemsbach
Dieses Buch wurde auf säurefreiem Papier gedruckt
Printed in Germany

Das Alter ist herrlich, – wir können gar nicht früh genug damit anfangen.

Eigentlich war es das ganze Leben hindurch schön, älter zu werden, bedeutete es doch stets fortzuschreiten. War es nicht aufregend: der erste Schultag, die erste Ballnacht, das erste Kind, der nächste Mann, die beruflichen Sprünge! Jede neue Lebensstation trug weiter, brachte andere Erfahrungen. Deshalb übertraf die Erwartung stets den Abschiedsschmerz. Daran hat sich bis heute nichts geändert, denn auch am Lebensabend wächst immer noch Neues zu.

Solange wir jung sind, glauben wir, das Alter sei das Ende. Die Jugend irrt sich eben oft. Zwar wird die verbleibende Wegstrecke kürzer, doch dafür ist die Aussicht umfassender und der Blick klarer geworden. Das Alter hilft die Dinge an den Platz zu rücken, der ihnen zukommt. Ich weiß nicht, ob das weiser macht, doch es läßt gewisser sein. Die Welt wird nicht etwa heil, oh nein, aber sie fügt sich zusammen.

Nach den Regeln der Kunst habe ich nun wohl zu früh verraten, daß ich die späten Jahre mit für die besten halte. Wer überzeugen will, darf angeblich nie mit der Tür ins Haus fallen. Wann aber, wenn nicht als Alte, können wir uns leisten, die Regeln auch einmal zu verletzen? Und warum sollte ich lange damit warten, den Reiz des Alters zu bejubeln?

Wir warten ohnehin viel zu viel in unserem Leben. Erinnern Sie sich noch?

... dafür bist Du noch zu klein
... das lernen wir später...
... sind Sie für diese Aufgabe nicht zu jung?
... zum Heiraten ist es noch viel zu früh...
... für das nächste Kind lassen Sie sich besser noch Zeit...
... bei dieser Position brauchen Sie längere Berufserfahrung...
... wenn erst die Kinder erwachsen sind...

Vorbei das ewige Aufschieben. Wir sind offenbar angekommen. Doch seltsam, mit einem Mal sieht alles anders aus. Wurden wir vordem stets auf Morgen vertröstet, heißt es plötzlich, es sei zu spät. Mit Verlaub, da stimmt doch etwas nicht. Vergaloppiert sich das gängige Altenverständnis da nicht ein bißchen?

Ich jedenfalls sehe das anders. Der Wechsel der Lebensstationen war reizvoll. Aber es ist genauso fesselnd, die Ernte einzufahren. Mit 30 war die Vorstellung, 70 zu sein, bedeutend unangenehmer als die jetzige Wirklichkeit. Im Alter holen wir uns endlich unsere Gegenwart. Selbst wenn es nichts anderes bieten würde als dieses Gefühl, zuletzt doch noch bei sich selbst zu sein, wir sollten es preisen.

Deshalb noch einmal: das Alter ist wundervoll, wir

dürfen es uns nur nicht vermiesen lassen. Schon gar nicht von denen, die so viel darüber reden. Denn auch das ist merkwürdig, einerseits will man nichts vom Alter wissen, andererseits wird über keine Lebensphase so viel geredet wie über die letzte. Bei solchen Widersprüchen müssen wir wohl doch einmal genauer hinsehen...

INHALT

9

ALTES EISEN

oder das Gerede über die Zurücksetzung

Mit dem Bügeleisen fing es an. Am liebsten hätten die Enkel noch eines mit einlegbarem Bolzen gefunden. Sie ordnen einen ja sowieso irgendwo nahe der Steinzeit ein. Später fragten sie nach Blechspielzeug und wo ich meine Stickübungen aus der Schulzeit gelassen hätte. Als sie schließlich nach der hölzernen Kaffeemühle und der Tretnähmaschine suchten, ging mir endlich ein Licht auf. Heutzutage wirft man neue Sachen weg, sobald eine Schraube fehlt. Für den alten Kram aber gibt es viel Geld. Vergangenheit steht hoch im Kurs, soweit sie Gegenstände betrifft.

Bei Menschen sieht das anders aus. Wir Alten geben eher eine etwas verquere Generation ab. Als Kinder durften wir am Tisch der Eltern nicht reden, wenn wir nicht gefragt wurden. Nun, am Tisch mit den Kindern, sollen wir nicht mitreden, weil wir nicht mehr gefragt sind. Jahrzehntelang sprangen wir für alte Menschen ein, haben ihnen Lasten getragen, den Sitzplatz angeboten, sie respektvoll behandelt. Jetzt, wo wir dran sind, unsererseits an gute Behandlung zu denken, jetzt wird das Alter unbeliebt. Auf Großvaters Schaukelstuhl stürzen sich alle, bloß Großvater, den will niemand haben.

Merkwürdig ist das schon. Dick darf man inzwischen sein, das hat sich durchgesetzt. Und black ist sogar beautiful. Auch dumm sein ist erlaubt, wie uns die Illustriertennackedeis zeigen. Mittlerweile schadet selbst korrupt sein nicht mehr. Nur alt sein ist nicht gestattet, – da gilt man gleich als Schrott. Keine Spur von Achtung oder gar Ehrfurcht, wie dies einstmals Brauch gewesen sein soll. Obwohl ich da so meine Zweifel hege. Wurden die Alten nicht eher schon immer ungnädig angesehen? Das alte Lied vom alten Eisen eben, um nicht zu sagen ein alter Hut.

Nun machen wir aber mal einen Punkt! Für derartige Miesepeterei besteht nämlich kein Anlaß. Diese alte Leier, meine Lieben, ist einfach alter Quark. Selbst wenn die Sprache hart mit uns umspringt, mit solch alten Zöpfen können wir ganz schön alt aussehen. Zugegeben, sehr angesehen sind die Alten gerade nicht. Aber wer ist das schon in dieser merkwürdigen Gesellschaft? Sie mag keine Kinder und Kranke schon gar nicht. Jugendliche sind wenig beliebt, noch weniger die Behinderten. Außenseiter lehnt sie ab, von Frauen hält sie nicht viel und erst recht nichts von Arbeitslosen. Auf Hundehalter schimpft sie, Arme übersieht sie, von Ausländern ganz zu schweigen. Wir gehören also zur Mehrheit.

Es stimmt, ich bin nicht mehr 20. Ich bin nicht einmal mehr 50. Es geht nicht mehr so flott, und manchmal geht es kaum noch. Na und? Ich muß ja nicht genauso wie die Jungen leben. Ich bin wahrlich alt genug, um mich allein nach mir zu richten. Die Wissenschaftler bestätigen mir, daß bis zum 70. Lebensjahr erst 20 Prozent meiner Großhirnzellen verbraucht sind. Die verbleibenden zwölf Milliarden sollten ausreichen, mich mehr um die Konservierung zu kümmern als um das Verfallsdatum.

Wozu also wie die Katze um den heißen Brei schleichen? Obwohl es immer ganz verschämt »Senioren« heißt, rede ich lieber von den Alten. Das sind wir doch, und warum sollten wir uns verstecken? Auch »oldies« mißfallen mir. Was ändert die Schmuseformel denn? Bekommen Senioren etwa eine höhere Rente als Alte? Die »dritte Lebenshälfte« ist ein Abschnitt mit eigenen Gesetzen und Zeichen. Und mit seiner eigenen Schönheit und Würde. Weshalb ich mir die plump-vertrauliche Oma-Titulierung verbitte, aber sonst keine verschleiernden Verrenkungen brauche. Normalerweise ist größer mehr als groß und kälter mehr als kalt, eine Steigerung eben. Vor lauter falscher Rücksicht soll dann plötzlich eine ältere Frau jünger sein als eine alte. Obwohl doch eine jüngere Frau jünger ist als eine junge. Statt solchen Unsinns nenne ich die Dinge doch lieber gleich beim Namen, zumal wir als Alte alle gleich sind. Unter den Senioren sind aber manche wieder gleicher als gleich. Hat Ihnen schon jemand einen Seniorinnenteller angeboten? Auch in ein Seniorinnenheim können Sie nicht ziehen, selbst wenn kein einziger Mann darin wohnt. Wir Frauen werden einfach verschwiegen, obgleich wir unter den höheren Jahrgängen viel zahlreicher sind. Da bleibe ich doch lieber eine Alte, zumal ich gegen das Alter überhaupt nichts einzuwenden habe.

Alt zu sein bedeutet gewiß für jeden Menschen etwas anderes, doch positiv kann es für alle sein. Ich leugne nicht, daß durch Unterlassungssünden und Planungsfehler in den späten Jahren Probleme auftauchen können. Darum muß ich aber noch nicht das gesamte Alter als Problem ansehen! Es ist doch ein Teil vom so geliebten Leben und schon deshalb genauso wichtig wie Kindheit oder Lebensmitte. Solange ich nicht arm oder krank werde, was in allen Lebensphasen schwer und schrecklich ist, altere ich gern. Wie sollte ich sonst auch lernen, was es damit auf sich hat? Ohne diese Erfahrung wäre mein Leben ja eine Investitionsruine.

Ich spüre, es ist natürlich, was da mit mir geschieht. Als begeisterte Gärtnerin betrachte ich aufmerksam die welkende Natur. Man muß schon bis obenhin mit Vorurteilen vollgestopft sein, um diesen Zustand als häßlich oder unästhetisch zu empfinden. Wie das alles feiner, leichter und zarter wird nach dem strotzenden Blühen und Fruchten! Im hängenden Zweig oder verwehenden Blatt liegt so viel Wissen oder Vorahnung um den Kreislauf. Ich muß nur eintauchen in die Willigkeit dieses Vorgangs, dann verliert die eigene Neige viel von ihrer Dramatik.

Ich will Schatten nicht wegwischen, das entspräche ja nur dem törichten Jugendlichkeitszwang. Schatten werden aber bekanntlich vom Licht geworfen, und von dem wird viel zu selten berichtet. Das Alter ist ein Lebensabschnitt wie jeder andere, schon deshalb, weil wir uns überall selbst begegnen. Es hat seine sperrigen Phasen – war das um die 20 oder 40 herum etwa anders? Das Leben ist nun einmal keine keimfreie Angelegenheit. Auch pflegeleicht ist es nicht, warum sollte es also das Alter sein? Das kennt natürlich auch dunkle Stunden, ich bin schließlich noch lebendig. Immerhin liegen die meisten Untiefen schon hinter mir, während mir früher noch alles bevorstand. Mir muß nur noch einfallen, wie ich den Jüngeren beibringen kann, welch gelassene Zeitspanne da auf sie wartet, vor der sie sich nicht zu fürchten brauchen.

Nach Untersuchungen des Institutes für Demoskopie in Allensbach gelten hierzulande die Frauen bereits vom 56. und die Männer vom 59. Lebensjahr an als alt. Abgewirtschaftet heißt das auch. Ich höre dazu förmlich die Lachsalven fast aller meiner Bekannten, die sich in ihrem siebten und achten Jahrzehnt unbändig ihres Daseins freuen. Kontaktfreudig, bildungshungrig und unternehmungslustig wie sie sind, haben sie längst begriffen: Das Alter selbst ist keineswegs negativ, es wird nur negativ interpretiert in unserer Kultur. Woanders ist alles anders. In China beispielsweise leben die Alten hochgeehrt und sind fest eingebunden in alle Lebensabläufe. Niemand kann sich dort vorstellen, jung und alt kämen nicht hervorragend miteinander aus.

Da ich nun mal nicht in China lebe, muß ich mich auskennen mit der Geringschätzung, die sich bei uns um das Alter rankt. Gelegentlich entdecke ich daran sogar Erfreuliches. Nicht mehr ganz für voll genommen, muß ich auch keine vollen Preise bezahlen. Die Bundesbahn nimmt mir nur die halben Fahrtkosten ab, ins Museum komme ich mit einem Kinderbillett, und der Eintritt in den Vergnügungspark wird mir beträchtlich ermäßigt. Nun rätsele ich nur noch, warum sie sich stets meinen Ausweis mit dem Geburtsdatum zeigen lassen, alte Menschen lassen sich doch mit bloßem Auge erkennen. Im Grunde habe ich aber in allen Altenfragen das Rätseln längst aufgegeben. Meist erscheint es mir ohnehin so, als ob dabei nicht wir Alten das Problem darstellten, sondern all jene, die nicht wissen, wie sie mit ihrer eigenen Zukunft umgehen sollen.

Ich will nicht undankbar sein, bloß wofür gibt es diese Unzahl von Altersleitfäden? Wer verfaßt denn so viele Ratschläge für die 20jährigen? Die stecken doch in einer viel schwierigeren Periode: der Karrierestart, das Zusammenraufen in der Ehe, die kleinen Kinder und womöglich Wohnungssorgen. Aber da hebt niemand den Zeigefinger. Warum müssen also die mit Statistik bespickten Altersbroschüren auf mich gleich bergeweise niederregnen. Merkt denn keiner, daß ich schon seit einem Weilchen erwachsen bin und alleine gehen kann? Ganz offensichtlich kommen ja vor allem die Verfasser nur schwer mit den späten Jahren zurecht. Da spricht das »Mittelalter«, das noch nicht erkennt, wieviel Spielraum mir die sogenannte Altersgrenze beschert. Sie wissen noch nichts von der inneren Kraft, die das Alter bereit hält und nichts davon, wie souverän es sich jenseits des Abschieds leben läßt.

Ich weiß schon, heute wird eben alles zerredet, da bleibt auch das Alter nicht verschont. Alle diese Bevölkerungsübersichten mit ihren Zahlenreihen sind möglicherweise ja wichtig. Doch auch wenn sie mir immer wieder anklagend die umgedrehte Alterspyramide vorführen, deshalb existiere ich trotzdem, und ich will daran auch gar nichts ändern. Außerdem erlebe ich mich nie als dritte Reihe in der Kolonne oder gar als volkswirtschaftlicher Faktor. Und so sehr gern schwimme ich auch nicht in einem Eintopf herum. Das muß ich aber bei den Statistikern. Sie listen gewissenhaft auf, was sich bei den 15-25jährigen tut, und ebenso, was bei den 25-35jährigen los ist. Das geht alle zehn Jahre so weiter bis zu den 65jährigen. Da ist plötzlich Schluß. Von da an heißt es nur noch »und älter«. Bis zum Lebensende besteht also ein statistisches Einerlei, ganz gleich, wie sehr sich eine 65jährige von einer 90jährigen unterscheidet. Man muß schon sehr desinteressiert an alten Menschen sein, um Sechziger und 80jährige in einen Pferch zu sperren.

Keine Broschüre und kein Diskussionsbeitrag bestätigt mir, daß wir Alte Menschen wie alle anderen sind. Überall sitzt unausrottbar fest, wir seien zumindest gebrechlich, hilfsbedürftig und verzagt. Das mag ja vorkommen, die Regel ist es hingegen nicht. Ach, ihr Freundlichen und Besorgten, warum nehmt ihr uns nur so übel, daß die meisten von uns durchaus imstande sind, sich selbst zu helfen? Dieser stets sprungbereite Mitleidsblick! Kommt euch denn nie der Gedanke, wir bedauerten eher euch, so gehetzt wie ihr durchs Leben jagt und vom überfüllten Terminkalender viel zu ausgelaugt seid für eine schlichte mitmenschliche Reaktion.

So viel ist sicher, die Generationen haben es nicht leicht miteinander. Sie hatten es nie, müssen aber gerade in unserer Zeit besonders viel verkraften. Allein dieses quantitative Mißverhältnis! Wie sollte ich die Jungen nicht begreifen, so verschoben wie die Relationen sind! Mit uns Alten steht es wie mit Butter, Autos und Äpfeln. Von allem ist zuviel da in dieser Überschußgesellschaft. Bloß am Nachwuchs fehlt es. Kamen 1890 auf einen Alten über 75 noch 36 Sprößlinge unter 20, waren es Ende der 80er Jahre nur noch zwei. Und ein 100. Geburtstag wundert uns dank ärztlicher Künste und gehobenem Lebensstandard kaum noch. Schon feiern ihn über 2000 Menschen in der alten Bundesrepublik. Im nächsten Jahrtausend soll er gar zur durchschnittlichen Lebenserwartung werden. Die lag in der Antike noch bei zwanzig Jahren. Einen ganz wackeren Sprung haben wir da gemacht. Müssen wir uns also wundern, wenn uns das Jungvolk manchmal scheel anschaut? Ich denke mir, sie fühlen sich vielleicht ebenso in die Defensive gedrängt, wie das uns Alten nachgesagt wird. Und ist es nicht oftmals eine Zumutung, jung zu sein und mit so geringer Einsicht und Erfahrung leben zu müssen? Da wir Alten um so mehr davon gesammelt haben, ist es an uns, den Weg zueinander zu ebnen. Viele von uns sind ja auch schon kräftig dabei.

Daß die Jungen sich über die Alten beklagen und die Alten über die Jungen, darüber sind uns die grauen Haare nicht gewachsen, das war zu allen Zeiten so. Deshalb brauchen sie einander, selbst wenn immer neue Formen gefunden werden müssen, in denen sich die Generationen begegnen. Eine davon ist die Folge unserer Langlebigkeit. Nur wenige von uns erlebten als Kinder noch ein Urgroßelternteil. Selbst vier Großelternteile kamen nur selten zusammen. Heute haben Kinder zwar kaum noch Tanten und Onkel, dafür sind sie reich mit Groß- und Urgroßeltern gesegnet. Über 400 Fünf-Generationen-Familien soll es in Deutschland bereits geben. In diesen sind die Alten meist keineswegs lästige Anhängsel, versorgen doch nicht selten Urgroßmütter noch die Ururgroßmütter. Die Großeltern wiederum, als erste Generation mit ausreichenden Alterseinkünften, unterstützen vielfach Kinder und Enkel finanziell. Das verbindet auf neue Weise. Viel Fremdheit wird damit verhindert, aus der oftmals Ablehnung erwächst.

Wir Alten sind für die übrige Gemeinschaft so etwas wie Asylanten aus späteren Lebensstufen. Deshalb müssen sich beide Seiten nicht gleich auf einen Generationenkonflikt versteifen. Der Altersabstand zu den Jungen läßt sich nicht verkleinern. »Anders« werden wir ihnen also immer vorkommen. Sie sind eben noch jung und wissen zu wenig vom alt sein. Wir hingegen waren selbst einmal jung. Wir sollten sie daher verstehen, und wenn sie manchmal noch so töricht reagieren. Oder sind wir etwa noch nicht weiter gelangt als sie? Vielleicht rächen sie sich nachträglich für eine von Erwachsenen allzu stark dominierte Kindheit, indem sie nun das Alter links liegen lassen. Was immer sie auch bewegen mag, uns hindert nichts daran, mit ihnen freundlich und ungezwungen umzugehen. Außer wir hindern uns selbst.

Die Menschheitsgeschichte wimmelt von Verständigungsschwierigkeiten. Etwas aber kommt mir verändert vor. Bisher glaubten alle Generationen an ein Fortbestehen der Erde. Das tun wir heute nicht mehr uneingeschränkt. Erstmals zweifeln wir daran, ob die berühmte Kette tatsächlich zu Kindeskindern weiterreichen wird. Damit verändert sich unwillkürlich die Beziehung der Generationen zueinander. Möglicherweise erwarten wir Alten auch einfach zu viel. Wir schwärmen noch von dem Miteinander, das in unserer Jugend üblich war. Die mittlere Generation dagegen verkehrt auch untereinander distanzierter. Ihr Ton mag uns mißfallen, ihr Leben uns zu anonym vorkommen, doch haben sie ein Recht auf eigene Fehler. Wir waren seinerzeit mit den unseren auch nicht gerade kleinlich. Die Versuche, über alte Menschen hinwegzusehen, hängen möglicherweise mit ihnen zusammen. Bekanntlich werden die Deutschen nicht so gern an ihre Vergangenheit erinnert. Irgendwie hat es sich eingebürgert, Geschichte frühestens ab 1948 zu datieren. Wir Alten passen da nicht mehr so recht hinein. Im Gegensatz zu unseren Großeltern verkörpern wir nicht die gute alte, vielmehr die böse, glücklicherweise entschwundene, alte Zeit. Ohne uns könnten sie den ersehnten Strich darunter ziehen. Ist das kein Grund zur Ablehnung? Er ist es, bestätigt aber gleichzeitig, wie wichtig es ist, daß es uns gibt. Kein Grund also, den Kopf hängen zu lassen.

Überhaupt scheint mir die Sache mit dem Krieg zwischen jung und alt maßlos übertrieben. In einer Welt, in der Schattenseiten nicht mehr selbstverständlich ins Leben gehören, irritiert ein tiefgebückter Alter allemal. Jede Unbequemlichkeit löst ja heute Protest aus. Da stört alles, was an Schwäche erinnert. Und wir stören besonders. Anders als Behinderungen, die ja hoffentlich immer nur die anderen betreffen, kommen Alterserscheinungen auf jeden zu. Die Abwehr meint daher gar nicht uns, sie meint das eigene Lebensende. Ach, würden sie nur genau hinsehen! Sie könnten sich so viel Schrecken ersparen. Dann entdeckten sie hinter manch schlurfendem Schritt den innerlich aufrechten Gang und hinter manch tastender Gebärde verständnisvolles Entgegenkommen.

Manchmal fällt es wirklich nicht leicht, die Jungen einfach laufen zu lassen. Sie machen es sich selbst so schwer. Da ich weiß, warum sie so handeln, bedrückt mich ihre Abwehr nicht, so bitter sie auch manchmal sein mag. Aber sie tun mir leid, denn welch Grauen muß sie dann einmal vor ihrem eigenen alt werden packen. Außerdem werden ja nicht erst die 70jährigen ausgegrenzt. Im Arbeitsleben trifft es manch einen schon Ende 40. Sobald ein Mensch so weit ist, gründlicher darüber nachzudenken, was er tut, scheint er schlechter verwendbar zu sein. Drei Jahrzehnte Altersdasein machen die Hälfte des Erwachsenenlebens aus. Dazu sollte den Nachrückenden Besseres einfallen, als sich selbst in Angst einzumauern. Sie treffen heute schließlich auf Alte, von denen sich abgucken läßt, daß die Jahre von 60 bis 90 eine Zeit sind, in der man viel machen und vor allem viel aus sich machen kann.

Alt sein ist nicht schwer. Schwer scheint nur das alt werden, weil es wie eine Kette von Abschieden aussieht. Dabei kann ich es ebenso gut als eine Kette von neuen Erfahrungen ansehen. Solange das Leben währt, solange entwickele ich mich. Auch 80jährige sind noch nicht das, was sie mit 90 sein werden. All das, was einst in der Jagd des Alltags unterging, liegt nun für mich bereit. Das Alter ausschließlich als Lebensausgang, das mag vor hundert und mehr Jahren gegolten haben. Für mich währt es lange genug, um mich dem Dasein noch einmal voll auszusetzen. Wie die meisten Menschen habe ich ein Leben lang einen Schutzwall um mein Inneres gebaut, das vor lauter Schonung immer verletzlicher wurde. Jetzt ist die Zeit, ohne ihn auszukommen. Ich brauche mich nicht mehr für die Fährnisse eines langen Lebens zu schonen. Da ich die Schwierigkeiten des Jungseins angenommen habe, warum sollte ich mich da nicht mit denen des Alters aussöhnen? Ertragen kann ja eingeübt werden, ich muß mich nur nicht so ungeheuer wichtig nehmen. Es ist weniger das Alter als die Zeit davor, in der wir sorgsam mit uns umgehen müssen. Mit meinen Jährchen auf dem Buckel bin ich inzwischen schon recht gut im Nehmen. Überhaupt ist das Alter viel zu kostbar, um es mit Jammern zu vergeuden.

Ja, es ist wahr, in dieser Gesellschaft gelten nur Sieger und Sieg. Da scheinen wir Alten nicht mit von der Partie zu sein. Freilich was hindert uns, das Alter selbst als einen Sieg anzusehen? Ein Sieg über Illusionen, über Torheiten und Ängste, über Unwissenheit, kleinkarierte Gefühle und die enge Gebundenheit an eigene Interessen. Ein Sieg auch deshalb, weil, bis auf den letzten großen, der Lebenskampf weitgehend abgeschlossen ist. Was mich jetzt beschäftigt, sind nur noch Scharmützel. Gerade richtig, damit ich nicht allzu zufrieden schnurre. Man kann sich nämlich sehr mit dem alt sein anfreunden und sogar stolz darauf sein. Ich verliere schließlich nicht an Wert, nur weil ich jetzt meine Grenzen annehme. Die Welt schrumpft zwar ein wenig, indessen will mir scheinen, sie gewinnt auch sehr an Würze. Weil das Leben im Abseits nicht mehr so kanalisiert verläuft wie das im Mittelfeld, wird es unglaublich lebendig. Anders sein kann auch positiv erfahren werden, das sagt mir der gesunde Menschenverstand. Nein, nein, da lasse ich mir gar nichts einreden, von wegen Widerwillen und so, ein bewußt gelebtes Alter ist gar keine so schlechte Sache.

Manchmal denke ich, wir Alten müßten mal eine Aufklärungskampagne darüber starten, wie schön das letzte Lebensdrittel sein kann. Ob man uns das allerdings so einfach machen ließe? Die Miesmacherei hat doch Methode. Ich neige immer mehr zu der Ansicht, daß der geringe Kurswert des Alters nur ein fauler Trick ist. Plauderten wir allzu offenherzig aus dem Nähkästchen, würden alle das Alter positiv finden. Du lieber Himmel, wie soll es dann weitergehen? Spricht sich herum, welch eine Chance das Alter bietet, sich dem tatsächlichen Leben zuzuwenden, was sollte die Jüngeren dann noch bewegen, in ihrem Stil weiterzumachen? Statt ständig beschäftigt zu sein, kann ich mich heute den wesentlichen Dingen öffnen. Ich kann heiter, traurig und geduldig sein, so wie es mir abverlangt wird. Nichts muß mehr weggedrängt werden. Allein schon deshalb ist das Leben mir nah. Wenn bekannt wird, wie begünstigt wir Alten leben, wie lange blieben die produktiven Jahrgänge dann wohl noch in den Sielen hängen? Unsere Arbeitswelt ist ja nicht so konstruiert, daß der Mensch sich in ihr wohlfühlt. Glaubt mir, meine Lieben, das Geschwätz vom überflüssigen Schrott und der hinfälligen Nutzlosigkeit ist lediglich der Dreh, mit dem die jüngere Generation bei der Stange gehalten wird.

Und da sollten wir nicht pausenlos bejubeln, daß das alles hinter uns liegt?

SOZIALER BALLAST

oder das Gerede über die Defizite

Kennen Sie das auch? Da sitzen Sie in der U-, S- oder Straßenbahn und starren geflissentlich vorbei an Ihrem Gegenüber. Irgendwie nehmen Sie aber doch den Umriß wahr einer glatten Wange oder eines wohlgerundeten Arms. Und da kommt er dann, der feine Stich. »So wirst du nie mehr sein, das ist vorbei«, seufzt es innerlich, und die eigenen harten Züge spiegeln sich in der Fensterscheibe. In solchen Augenblicken fällt mir das unfreundliche Wort ein von der Verbitterungsarchitektur alter Gesichter, obgleich das nichts anderes als so eine Verdrießlichkeitsvokabel ist. Auch beim heitersten Gemüt läßt die erschlaffende Haut die Mundwinkel hängen. Es sind auch gar nicht die Falten und Runzeln, die innerlich pieken. Es sind vielmehr die Hoffnungen und Wünsche, die noch lebendig waren, als man selbst noch so glatte Wangen hatte. Von ihnen sind nicht allzu viele geblieben, das ist wahr. Andrerseits ist eine hoffnungsfreudige Zwanzigerin so etwas Besonderes nun auch wieder nicht. Eine unangefochtene Siebzigerin dagegen kann sich schon sehen lassen.

Zu gern wird allerorten vorausgesetzt, die Altengeneration bestünde aus lauter häßlichen, klapprigen, vernachlässigten und verwirrten Gestalten. Wohlmeinend heißt es allenfalls, »das muß mal eine gut aussehende Person gewesen sein«. Da wird die Vergangenheitsform benutzt, als wäre für uns Alte der Film schon gelaufen. Haben die Leute denn keine Augen im Kopf? Sehen sie nicht, wie viele gepflegte, bewegliche und interessierte alte Menschen sich an allen nur erdenklichen Orten tummeln? Daß heutzutage so viele ihr Alter sichtlich genießen, empfinde ich wie eine späte Genugtuung für meine Generation, der die Jugend so gründlich verpfuscht wurde. Gewiß doch, auch die betrüblichen Merkmale sind vorhanden. Die gibt es immer und überall. Indessen beherrschen sie nicht den Lebensabend, es geht höchstens etwas gedämpfter zu. Oder, wie ich immer sage, das Alter ist eine Spanne, in der das Barometer genauso wichtig wird wie die Tagesschau.

Natürlich schränkt mich das Alter auch ein. Allein, dieses Schicksal teile ich mittlerweile mit den meisten Menschen. Lesen Sie denn kein Feuilleton? Dessen Spalten sind voll davon, wie sehr das moderne Leben alle einengt. Da kommen sich jung und alt schon erfreulich nahe. Ob man nicht mehr laufen kann, weil die Knochen weh tun, oder ob man nicht mehr laufen kann, weil der Autoverkehr die Luft verpestet, kommt im Ergebnis auf das Gleiche heraus. Alle Menschen kämpfen ständig gegen irgendwelche Tücken.

Ich bin keineswegs in Begeisterungsstürme ausgebrochen, als der Hals immer sehniger, die Haare schütterer, die Hände fleckiger wurden und die Taille verschwand. Anfangs hat es mir ziemlich zugesetzt, daß ich keineswegs schöner wurde. Bloß merkte ich das schon seit geraumer Zeit. Ich erinnere mich noch sehr genau an meinen 30. Geburtstag, als ich vor dem Spiegel schmerzerfüllt den endgültigen Zusammenbruch meines Aussehens feststellte. Wie oft hat sich seither, auch unabhängig von meiner Person, der Schönheitsbegriff gewandelt! Vom Schmelz der Jugend über den Charakter der Lebensmitte bis zu den Spuren der Erfahrung gibt es viele Stationen eines schönen menschlichen Antlitzes.

Ich habe mir in meinem Gesicht Falte für Falte durch Lachen und Kummer, durch Freuden und Sorgen und sogar durch Nachdenken zusammengelebt. Folglich lege ich Wert auf meine Knitterhaut und denke nicht daran, sie zu beklagen. Das ist doch mein Leben gewesen, warum sollte ich das verleugnen? Dennoch verstehe ich, wenn andere sich bemühen, möglichst lange jung auszusehen. Jede sollte tun, was sie freut, solange sie sich damit nicht nur fremden Diktaten unterwirft. Wir sollen älter werden, ohne zu altern, welch ein Schwachsinn! Ich finde, wir sollen altern dürfen und die Jüngeren ihre Geringschätzung aufgeben.

Mein Gesicht läßt mich mir immer vertrauter werden. Dagegen gewöhne ich mich schwer an dies zarte Geschöpf, das ich nun geworden bin. Begegne ich mir plötzlich auf Fotos, bin ich schon verblüfft, welch zierliche alte Dame mir da entgegenblickt. Glücklicherweise begegne ich mir nur selten auf Fotos und viel öfter im Gespräch mit anderen oder bei meinen Büchern und Blumen. Dort erlebe ich mich noch immer als kräftig und tatkräftig, was auch immer das äußere Erscheinungsbild signalisieren mag. Selbstverständlich, der Körper gehört zu mir, und was da unaufhörlich sich faltet, zusammenknickt oder an der falschen Stelle aufbläht, das sind Teile von mir. Aber sie sind nicht mein Ganzes. Und sie scheinen mir auch nicht wesentlich. Welche Gedanken und Hoffnungen kann ich von Bauch oder Po ablesen?

Ich will mir dennoch nichts vormachen. Neben den Falten um Augen und Nase zeigt auch der Körper Spuren der Ermattung. So gewohnt wie ich an seine zuverlässige Dienstbarkeit war, irritiert es zunächst kräftig, wenn er sein reibungsloses Funktionieren unterläßt. Es braucht Zeit, bis sich die richtige Balance findet zwischen Wehleidigkeit und Zorn auf die nachlassende Kraft. Irgendwann begriff ich: Hier gab es keine Defekte zu bekämpfen, hier stellte sich ein fortan zu mir gehörender Normalzustand ein. Manches wird anders als vordem, doch grundsätzlich neu ist es nicht. Der Abbau physischer Kräfte beginnt im dritten Lebensjahrzehnt, warum soll ich mich ausgerechnet jetzt darüber beklagen? Muß ich also die grauen Haare färben oder mich mit Jogging quälen, nur um zu wirken wie jemand, dessen Alter ich nun nicht mehr habe?

Nehme ich die dunklen Seiten nicht an, wie will ich dann bis auf den Grund der Alterseinsicht schöpfen? Nun gut, es erwischt mich öfter als früher mit allerlei körperlichen Einschränkungen, und ständig gesellen sich neue dazu. Ich bekomme den Haushalt nicht mehr so schnell hin, reiche nicht mehr bis zum obersten Bücherbrett, kann den Apfel schon längst nicht mehr beißen. Die Stimme hält die Melodie nicht mehr, und schon bei mittleren Hügeln komme ich ins Pusten. Soll ich mich darob schämen? Die Müdigkeit in Muskeln und Gelenken wirkt oftmals lästig, doch sie bedroht nicht mein Selbstgefühl. Schließlich stellen lahme Füße oder Krampfadern mich nicht als Person in Frage. Ich kann sie hinnehmen, ohne mich geschmälert zu fühlen, denn ich laufe ja nicht mehr im Geschirr der Pflichten.

Ich darf jetzt freundlicher zu mir sein. Auch tolerant gegenüber meiner Schwäche. Lange genug habe ich auf die Tüchtigen und Starken geschaut. Aber nun kann ich auch die Schwachen gern haben. Wir Alten sind in einem Lebensabschnitt angelangt, wo wir jegliches So-sein bestehen lassen können. Auch das eigene. Ich muß mich ausgiebiger mit meinem Körper beschäftigen, da führt kein Weg daran vorbei. Doch um ihn sorgen muß ich mich noch nicht. Der Durchschnittsverbraucher nimmt im Laufe seines Lebens 36 000 Tabletten ein. Ich habe mein bisheriges Quantum dummerweise nicht gezählt. Aber gemessen an der Menge der Medikamente, die ich jetzt schlucken soll, stufen mich die Ärzte noch als ziemlich haltbar ein. Kranke könnten das niemals verkraften.

Jetzt aber bitte nichts geschönt. Es bleibt ja nicht bei den Wehwehchen. Sie sind nur zum Einüben da. Ich muß nun auch mit Krankheiten rechnen. Da steht es nicht mehr in meiner Entscheidung, ob ich sie ernst nehmen will oder nicht. Gelegentlich muß ich auch schon fragen, ob sie die Vorboten des Todes sind oder mich zumindest warnen wollen. Bei Licht besehen ist aber das ganze Leben ein einziger Katastrophenverhinderungsmechanismus. Kluge Alte freuen sich daher, solange die Abwehr noch halbwegs intakt ist und greinen nicht über die Drohung.

In meiner Umgebung erlebe ich, wie sehr es bedrückt, wenn das Gehör sich ernsthaft verschlechtert, die Augen ihren Dienst versagen und die Glieder nur noch mühsam folgen. Doch die Mühseligen und Beladenen leben nicht nur unter den über 65jährigen. Es gibt erblindete Kinder, querschnittsgelähmte Jugendliche, Kummer und Leid in allen Lebensphasen. In unseren hellsichtigen Augenblicken wissen wir auch, eine leidensfreie Welt wäre eine unmenschliche Welt. Leid ist ein guter Lehrmeister, wenn man andere verstehen will. Trotzdem bin ich nicht davon frei, mich manchmal hübsch und kräftig und gesund zu wünschen. Schon immer strebt der Mensch besonders nach dem, was er nicht hat. Bei solchen Gelegenheiten brauche ich mich nur daran zu erinnern, wie oft im Leben ich alt oder doch wenigstens älter sein wollte, dann werde ich ganz still.

Das rundum vom Nachlassen der Kräfte und von Defiziten gezeichnete Bild ließe sich vergessen, würden Hersteller mehr über praktische Hilfen für uns nachdenken. Genauso wie Tennisschläger oder Skibindungen fortlaufend den sich ändernden Leistungsanforderungen angepaßt werden, könnte das auch für uns Alte geschehen. Wo daran zu verdienen ist, wie bei den Büchern im Großdruck, klappt es doch. Die Pharmaindustrie dagegen scheint mit ihren Beipackzetteln einen Wettbewerb auszutragen, wer am kleinsten drucken kann. Dabei verbrauchen doch gerade wir Alten einen hohen Anteil der Medikamente. Und erst die Briefmarke mit zartlachsfarbener Zahl auf einem Hintergrund in helltürkis! Der Grafiker war sicher ganz entzückt, welch exquisiter Entwurf ihm da gelungen war. Bloß kann ich in dem delikaten Farbgemuschel auch mit der besten Brille die Ziffer nicht erkennen.

Mit der Mode sieht es ähnlich traurig aus. Von den langweiligen Farben, Mustern und Schnitten für uns Alte fange ich erst gar nicht an. Falls sich überhaupt Designer mit Mode für Ältere befassen, glauben sie offensichtlich, wir liefen hocherfreut tagein, tagaus ausschließlich in Rock und Bluse herum. Doch schlimmer noch, ich finde nur Schuhe mit Schnürsenkeln. Dafür fehlen ihnen die rutschfesten Sohlen. In meinem Alter kann ich aber gleichermaßen aufs Bücken wie aufs Fallen verzichten. 70jährige sind selten noch Schlangenmenschen. Müssen also Rückenverschlüsse wirklich sein? Und ist es für Konfektionäre so schwer begreiflich, daß arthritische Hände nur ungern mit winzigen Knöpfchen umgehn?

Warum kann man uns zu alledem nicht auch einmal fragen? Dann brauchte ich nicht vergeblich in Ausstellungen und Museen nach einer Sitzgelegenheit zu fahnden. Altenheime stünden nicht länger in trostloser Waldeinsamkeit, und in ihren Schlafzimmern müßten die Betten nicht an die Wand gequetscht werden. Jeder alte Mensch weiß, wie leicht ein frei im Raum stehendes Bett zu richten ist. Aber wissen das auch die Planer? Und weiß eigentlich die

Bundesbahn, daß die beste Seniorenkarte nichts nützt, wenn wir die Koffer treppauf und treppab schleppen müssen. Die Rolltreppe ist doch bereits erfunden.

So ärgerlich das alles sein mag, wir bestehen nicht nur aus unserem Leib. Deshalb sollten wir seine leidigen Erfahrungen auch nicht überbewerten. Geistig flexibel zu sein, hilft über manche körperliche Unbeweglichkeit hinweg. Wenn die Beine langsamer laufen, ist das nur halb so schlimm, läuft es im Kopf noch schnell genug. Wir Alten trauen uns da oft zu wenig zu. Ich muß ja nicht im Vollbesitz aller meiner Kräfte sein, es stehen keine Hochleistungen mehr auf dem Programm. Auf die jeweils benötigten Kräfte kommt es an. Und da staune ich jeden Tag neu, was noch immer erreichbar und möglich ist. Aber ich staune auch, wie wenig nötig ist, sobald man den unsinnigen Ehrgeiz beiseite legt, top fit zu sein. Ich kann mir jetzt eine klügere Lebensweise leisten.

Für Computer und Gentechnologie muß ich ja nicht schwärmen. Nur aufgeschlossen will ich für alles Neue bleiben. Hapert es irgendwo mit dem Verständnis, muß ich eben nachholen. Ist das jemals anders gewesen? Wer seinen Grips nicht ständig in Bewegung hält, der rostet ein. Das ist nicht anders als bei den Muskeln. Wissenschaftler wollen sogar herausgefunden haben, daß Menschen, die nichts für die kleinen grauen Zellen tun, nörgelig, ungerecht und aggressiv werden. Von derlei Pauschalurteilen halte ich zwar nicht viel, dennoch will ich keinesfalls riskieren, eine solche unangenehme Zeitgenossin zu sein. Also Runzeln raus aus dem Hirn.

Wie jeder fünfte Mensch über 60 werde ich vergeßlich. Kein Grund zu verzweifeln. Die Hälfte dessen, was man vergißt, ist sowieso unwichtig. An seiner Stelle beleben sich andere Erinnerungen. Außerdem kann ich mit Gedächtnistraining vieles korrigieren. Überhaupt weine ich entschwindenden Fähigkeiten keine Träne nach, sie verschieben sich nämlich meist nur. Und wozu habe ich mir im Strudel des Lebens all die nützlichen Daseinstechniken erworben, wenn ich damit beginnende Schwächen nicht ausgleichen könnte. Das Alter schafft seine eigenen Regeln: Fähigkeiten verflüchtigen sich, und dennoch wächst die Kompetenz.

Wie unglaublich spannend das ist, was ich plötzlich Neues vermag! Es geht keineswegs nur bergab, es geht auch seitwärts und einwärts. Wo immer sich etwas reduziert, ergänzt es sich durch anderes. Die Augen – oder ist es der Kopf? – ermüden schneller als früher. Dafür lese ich aus den Texten mehr heraus. Und das inwendige Auge liest alles Erlebte mit. Die hohen Frequenzen nimmt mein Ohr nicht mehr wahr, dafür klingt die innere Stimme klarer. Und wo das Gehör nachläßt, verfeinert sich das Gespür. Ich nehme nun auch das auf, was in den Worten meiner

Gesprächspartner nur mitschwingt. Richtig zuhören kann ich wieder, mir etwas erzählen lassen, ohne gleich mit eigenen Gedanken gegen das Gehörte anspringen zu müssen.

Verliere ich an äußerer Vitalität, so gewinne ich inneres Leben. Woran ich zerstreut und blind vorüberging, das füllt nun mein Denken. Da bleibt mir doch weg mit dem Gemunkel von der Abnutzung. Bin ich ein Ding, das durch Verschleiß untauglich wird? Nein, ich bleibe eine unverzagte Alte, die zwar nicht mehr aus dem Vollen, aber wacker nach ihren Kräften lebt und damit einen ganz neuen Einklang erfährt. Was ich vielleicht auf dem Markt der Möglichkeiten versäume, bekomme ich reichlich durch Intensität ersetzt.

Wahrhaftig, ich frage mich immer öfter, wozu das ganze Geschrei um das Alter taugt. Das Einzige, was sich dagegen sagen läßt: Wir sind nicht mehr jung. Na so etwas! Manche altern schon mit zwanzig, weil die Seele erlahmt, während der äußere Mensch noch emsig wuselt. Unter uns finden sich viele, die erscheinen jünger als ihre Kinder. Und es gibt solche, die ihre Jahre ganz furchtlos tragen, bei denen man das innere Wachstum ahnt, das ihnen das Alter bringt.

Die verlorene Jugend, war sie wirklich immer so schön? Du meine Güte, all die Unsicherheiten und Skrupel! Besonnte Kindheit, glückliche Jugendjahre, das sind Klischeevorstellungen, die Zahnspangen und Pickel unterschlagen. Und welche Dramen erst, als ich 18 oder 22 war! Immerzu wollte ich lieber nicht geboren sein. Heute würde ich so etwas nicht mehr wünschen. Ich habe gern gelebt und tue es noch. Aber solch ein Zuckerschlecken war es nun auch wieder nicht. Jeden Morgen packt mich ein Hochgefühl: Ich weiß, ich bin entronnen. Keine Plackerei in der Schule mehr, kein Ärger mit Eltern und Lehrern oder den Ängsten vor den Prüfungen. Soll ich der nicht enden wollenden Hausarbeit nachtrauern, den Stunden am Bett der kranken Kinder, dem nörgelnden Chef und der steten Überlastung? Nein, da können Sie sicher sein, als Alte fühle ich mich unglaublich bevorzugt und mit mir Hunderte und Tausende.

Na selbstverständlich, ich wandle nicht ständig auf Rosen. Wer tut das schon? Doch deshalb möchte ich noch lange nicht wieder jung sein. Schon gar nicht heutzutage. Nicht nur, daß Eltern, Lehrer, Vorgesetzte unentwegt alles besser wissen, das war wohl schon immer so. Aber jetzt bekommen die Jugendlichen das Leben auch noch fix und fertig serviert. Ob in der Ausbildung oder der Freizeit, ob zu Hause oder im Urlaub, alles ist vorgekaut, eingeteilt, zurecht geschnitten, fertig abgepackt. Es muß nur noch häppchenweise konsumiert werden. Nirgends können sie sich erproben, alles Handeln muß zielgerichtet sein. Nichts gehört ihnen mehr, jeder nur erdenkliche Einfall wird sofort vermarktet oder totgeredet. Einfach grauenvoll solch vorfabriziertes Leben. Und danach soll ich mich sehnen?

Na schön, ich werde nicht mehr hochgejubelt und eher als Ballast betrachtet. Die üblichen anerkennenden Attribute entfallen für mich. Ich bin nicht hübsch und erfolgreich, nicht attraktiv, dynamisch und sexy. Glücklicherweise hängt meine Selbstachtung inzwischen von anderen Dingen ab. Ich bin einverstanden mit dem, was mit mir geschieht, und darauf kommt es an. Noch immer brauche ich Krücken für meinen Lebensweg. Nur benutze ich sie jetzt sehr unbefangen. Unterdessen habe ich längst erkannt, kein Mensch kommt ohne Krücken aus.

Überhaupt die Erfahrung! Sie soll ja der ganz große Gewinn des Alters sein. Ich bin da nicht so sicher. Über so vieles, was ich da gesammelt habe, ist die Zeit längst hinweggegangen. Es wird nicht mehr gebraucht. Und weiterreichen kann ich sie ohnehin nicht. Jeder muß sich selbst die Finger verbrennen. Übrig bleibt nur das resignative Ergebnis, alles ist schon mal dagewesen. Vielleicht achte ich darum diese Mitgift des Alters eher gering. Außer der einen, der Erfahrung mit sich selbst. Die kann man gar nicht hoch genug schätzen, denn erst mit ihr läßt sich nach eigenen Maßstäben leben.

Nicht alle meine Wege führen in lichte Höhen.

Aber alle gehören weit mehr als in früheren Lebensjahren zu mir selbst. Das ist eine der erfreulichen Begleiterscheinungen des Alters, man kann lange genug üben, mit sich umzugehen. Ich weiß über mich Bescheid, ich habe sogar gelernt, mit mir auszukommen. Der Beruf war nützlich, um mir zu bestätigen, was ich kann. Familie und Freundschaften halfen mir, mich kennenzulernen. Aber erst das Alter hat mich gelehrt, mich mit mir zu vertragen. Natürlich, die Stimmung wechselt. Mal sehe ich die Bilanz nüchtern, ein andermal eher sentimental. Auch aggressive oder depressive Gemütsverfassungen drängen sich dazwischen. Keiner aber gelingt es mehr, mich zu trennen vom Bewußtsein meiner selbst. Um ganz in ihnen unterzugehen, bin ich mittlerweile zu sattelfest. Im Grunde ist alles ganz einfach. Wer zu sich selbst kommen will, der muß eben alt werden.

Diese Selbstgewißheit kommt nicht von alleine. Es muß schon etwas dafür getan werden. Vor allem galt es, rechtzeitig das Futter zu hamstern, von dem ich mich später nähren wollte. Worin finde ich mich wieder, wohin will ich noch und wohin auf keinen Fall, das muß ich wissen. Soll das Alter keine Entziehungskur werden, will es früh vorbereitet sein. So ahnungslos wie man mich in Ehe, Berufswahl und Kindererziehung schliddern ließ, wollte ich meine letzten Jahre nicht über mich ergehen lassen. Deshalb stellte ich die Weichen so um die vierzig und nicht erst mit dem Ruhestand. Glücklicherweise pfiffen schon damals die Spatzen von den Dächern, daß die Familienphase nur ein Viertel des weiblichen Lebens ausmacht, die Zeit ohne die Kinder also geplant sein will. Heutzutage geben die Finanzen dabei meist das erste Stichwort ab. Und sie sind auch wichtig. Gerade wir Alten wissen sehr gut, mit der Existenzsicherung allein ist es nicht getan. Es sind die Kringel obenauf, die eine Torte ansehnlich machen. Wo immer möglich, lohnt es sich daher, den Lebensabend gut abzupolstern.

Das Leben gleicht einem Sparschwein. Man holt exakt das heraus, was man vorher hineingesteckt hat. Deshalb ist es weise, auch der Gesundheit frühzeitig den ihr gebührenden Tribut zu entrichten. Mir jedenfalls schien es einleuchtend, soviel in gesunde Ernährung und Sport zu investieren, daß ich mir später genügend vergnügliche Sünden leisten könnte. Meine Ansprüche sind auf diesem Gebiet beachtlich. Noch sorgfältiger kümmerte ich mich indessen um mein Inneres und seine Wünsche. Wollte ich geschwollen daherreden, käme jetzt die Konzeption der eigenen Identität an die Reihe. Einfacher gesagt: Manches würde im Alter wohl nicht mehr möglich sein. Also mußte ich dafür sorgen, daß anderes vorhanden ist, das sich noch bewerkstelligen läßt.

Mit der Altersphase eröffnet sich ein weites Experimentierfeld für noch nicht erprobte Kräfte. Ich verordnete mir also eine genaue Selbstbetrachtung. Dabei prüfte ich, welche meiner verschütteten Interessen ich wieder hervorholen und welche brachliegenden Fähigkeiten ich aktivieren sollte. O weh, wieviel verwehrte Lebensmöglichkeiten ich da entdeckte! Nun soll es ja nie zu spät sein, sich in neue Betätigungen zu stürzen. Hatte ich nicht schon von Rentnerinnen gehört, die im Herbst ganz Deutschland durchquerten, immer auf der Suche nach neuen Theaterpremieren? Oder wie war das mit den 80jährigen, die noch mehrere Fremdsprachen erlernt hatten? Auch der Nachbar, gerade als Ruheständler von einer Reise mit der transsibirischen Eisenbahn zurückgekehrt, gab doch ein prächtiges Vorbild ab. Doch Vorsicht! Je umfassender man sich zu orientieren versucht, auf desto mehr Mogelpackungen stößt man.

Die vermeintlich unterdrückten Interessen sind manchmal recht fragwürdig. Ich kenne viele Leute, die von sich behaupten, sie lesen leidenschaftlich gern, bloß kämen sie nie dazu. Mir kommt das höchst unwahrscheinlich vor. Wenn jemand etwas leidenschaftlich gern tut, findet er auch die Zeit dafür. Und wenn er sich nachts ein paar Stunden um die Ohren schlägt. Deshalb klappt es selten, im Alter plötzlich Briefmarken sammeln oder Rosen züchten zu wollen, wenn man das vorher nie betrieben hat. Meist heißt es dann, die Erfahrung fehle. Was aber wirklich fehlt, ist die tatsächliche Begeisterung dafür. Sonst wäre es schon geübt. Plötzlich entdecken wir, da haben wir uns ein Leben lang etwas vorgemacht. Die großen Leidenschaften waren womöglich nur Illusionen. Das kann herb enttäuschen. Und weil wir uns nur ungern von Illusionen trennen, schieben wir diese Enttäuschung aufs Alter, das angeblich nicht hält, was es verspricht. Schuld sind jedoch nur wir selbst. Davon wollen wir wie üblich nicht gern etwas wissen. Also aufgepaßt und sorgfältig immer wieder die eigene Biographie überprüft! Denn während wir uns noch mit den Vorbereitungen beschäftigen, bahnt sich der Übergang bereits unmerklich an.

Für mich stand fest, ich wollte nicht an Ämtern und Tätigkeiten kleben. Man muß zur rechten Zeit abtreten können, auch wenn man glaubt, noch alles zu schaffen. Die Dinge freiwillig aus der Hand zu lassen oder besser noch in richtige Hände zu legen, ist eine Kunst. Warum sollte sie mir nicht gelingen? Ich brauchte ja nur daran zu denken, daß die Nachrückenden mit meinem Platz auch alle seine Verpflichtungen übernehmen müssen. Alles, worum ich mich gekümmert habe, ist nun ihnen aufgebürdet. Und das sollte mich nicht heiter stimmen? Dennoch fragte ich mich zweifelnd, wie das nun weitergehen könne. Denn das schien klar, ohne mich würde gar nichts laufen. Dann eines Morgens wachte ich auf und begriff. Die Dinge gehen ihren Gang. Selbstverständlich, versteht sich, nie wieder so gut, wie zu den Zeiten, in denen sie von mir gesteuert wurden. Dennoch glatt genug, um keine Lücke sichtbar werden zu lassen. Man ist nirgends unersetzlich außer für sich selbst. Ein freiwilliger Abgang sorgt für allmählich wachsenden Abstand. Er erspart zudem die Bitterkeit eines erzwungenen Verzichtes. Ich habe lange daran herumgebastelt und konnte viel mildern. Die negativen Gefühle völlig ausschalten konnte ich jedoch nicht. Um so schneller lernte ich, daß auch im Alter die trüben Stunden vorübergehen.

Am meisten half, daß mich ältere Freunde liebevoll im Kreis der Ausgedienten begrüßten. Freilich, auch Freundschaften brauchen ihre Zeit, um zu wachsen. Spätestens um die 40 sollte deshalb im Bekanntenkreis die Spreu vom Weizen getrennt sein. Berufliche Kontakte versickern meist nach gebührender Schamfrist. Die Ausnahmen buche ich als besonderes Geschenk. Vor allem mußte ich sorgsam prüfen, welche Fäden ich zusammenknüpfen wollte aus dem höchst wechselvollen Verlauf meines Lebens. Ich wollte keine der Durchgangsstationen leugnen. Gleichwohl mußte ich nicht alles Begleitpersonal in die hohen Jahre hinübernehmen. Anfangs würde ich auch Raum brauchen, um mich bei mir selbst einzurichten. Schließlich sollte es ein eigenständiges Dasein sein, auf das ich mich mit Elan einzustellen begann. Ich suchte nicht unbedingt den verjüngenden Neubeginn, aber der Absprung zu größtmöglicher Unabhängigkeit sollte es schon sein. Den letzten Abschnitt wollte ich mit Beschaulichkeit und nicht mehr ganz so üppig mit Betriebsamkeit füllen.

Finanzen, Gesundheit, Interessen, Eigenleben und soziale Kontakte, das alles ist unerläßlich, um den Ruhestand ein wenig abzufedern. Aber das Wichtigste liegt woanders. Man darf niemals – auch wenn es bereits auf die 50 zugeht – wegen der Altersplanung die gegenwärtigen Tage vernachlässigen. Wie ich alt werde, das hat etwas mit mir und meinem bisherigen Leben zu tun. Nach einem ungelebten Leben erscheint das Alter wie ein Abstellplatz. Wenn ich also nicht nur die Erwartungen meiner Umwelt, sondern meine eigenen erfüllen will, muß ich Welterkenntnis im Gepäck haben. Erst nachdem wir voll und stark und intensiv gelebt und alle unsere Kräfte ausgeschöpft haben, sind wir für die Zeiten der Stille gut gerüstet.

Durch die vielfältigen Vorbereitungen war unversehens eine Lebensform zustande gekommen, in der ich mich genau so sicher einrichten konnte wie das Junggemüse in der ihren. Mein Leben hat sich nicht nur verändert und wird das – hoffentlich – auch weiter tun, es hat sich sogar verbessert. Nach der allgemeinen Erwartung »kann man im Alter nicht mehr so, wie man möchte«. Irrtum, Freunde, ganz großer

Irrtum. Vorausgesetzt, man ist noch gesund und finanziell ausreichend versorgt, kann man überhaupt erst von da an, so wie man möchte, weil niemand mehr dreinredet. Bisher wurde ich vor allem durch meine Umgebung und äußere Ereignisse geformt. Heute bestimme ich die Veränderungen selbst mit. Ich kann mich nun ohne Angst öffnen, kann andere auffangen, statt Konkurrenz zu empfinden, kann Anteil nehmen, statt um jeden Preis weiterzukommen, kann mitleiden, statt nur an mich zu denken. Denn ich kann nun, ohne Erfolgsdruck, meine Möglichkeiten durchprobieren. Endlich bade ich nicht nur die Fehler der anderen aus, ich mache meine eigenen. Losgelöst von der Hast des sogenannten tätigen Lebens, lerne ich zu lernen. Das läßt mich Neues viel entspannter erwarten. Das Leben wird erst vollständig, wenn es Höhen *und* Tiefen kennt. Aber das begreift man erst spät. Und es braucht viele Jahre, bis man beides nicht nur ertragen, sondern auch bereitwillig tragen kann. Nicht umsonst treten Angst und Panikattacken als Krankheit meist um das 20. Lebensjahr und nie bei älteren Patienten auf.

Keineswegs will ich dem Verdämmern in einer konfliktfreien Sonnenuntergangs-Romantik huldigen. Die schadensfreie Passivität als später Sinn des Lebens? Nein, so haben wir nicht gewettet. Auch ich kenne noch Aufregungen und Unruhe, und zu den freudigen Erlebnissen gesellen sich ebenso viele Sorgen. Doch während ich noch immer hellwach bin bei den festlichen Momenten, den Ahnungen des Schönen, den Empfindungen der Liebe und den Augenblicken des Erkennens, trete ich den Kümmernissen gelassener gegenüber. Ich nehme die Ereignisse wahr, ohne sie gleich als gut oder schlecht einzuordnen. Ich gönne mir einen ruhigen Blick darauf, wie sie entstehen und reifen. Sooft ich mich auch noch anknurre, Kopf und Herz streben nicht länger in entgegengesetzte Richtungen. Sie verstehen einander besser und können sich sogar wechselseitig nachgeben.

Ich weiß, ich weiß, das klingt nach zu hoch hängenden Trauben. Aber ist es nicht einleuchtend, wieviel klarer und heller Gefühl und Verstand werden, wenn man sich nicht mehr einmischen muß? Ich brauche niemandem mehr etwas zu beweisen, außer allenfalls mir selbst. In solch einer Lage scheint sogar das Über-Ich lernfähig zu werden. Es zwinkert mir gelegentlich schon verständnisvoll zu. Bereits ahne ich den Tag, an dem ich mich trotz preußischer Erziehung und Leistungsdrill nicht mehr schäme, nur weil ich zufrieden bin. Da die Pflöcke längst abgesteckt sind, kann ich duldsam zu mir sein. Ich habe ja erfahren, was ich kann und – schwerer noch – was ich nicht kann. Zum ersten Mal seit sieben Jahrzehnten muß nichts mehr herbeigezwungen werden. Da läßt es sich gut gelassen sein! Was nicht bedeutet, daß ich mich nicht im nächsten Augenblick gründlich beschimpfen kann. Wir bleiben ein Rätsel, auch bei bester Bekanntschaft mit uns selbst. Und das bis ins hohe Alter hinein. Wie schön!

DIE GRAUE MACHT

oder das Gerede über die Randgruppe

Wir mögen es unfreundlich, falsch oder töricht finden, es bleibt dabei: Rückt der bewußte Geburtstag heran, gehöre ich mit dem Glockenschlag zwölf einer Randgruppe an. Und wenn mir das noch so unsinnig vorkommt, zu ändern ist nichts. Ich kann ja nur immer noch älter werden. Mitleidig tröstet man mich, das Alter sei eben ein soziales Schicksal. Was das nun wieder für eine Weisheit ist! Als ob das ganze Leben nicht ein soziales Schicksal wäre! Und das Alter ist bestimmt nicht sein schlechtestes Teil. Darum begegne ich auch dem Randgruppenunfug klaglos. Ich werde mich doch nicht selbst grollend ins Abseits stellen. Ohnehin sind hierzulande die Ränder schon recht dicht besetzt. In der Mitte wird es eher dünn. Wir Alten brauchten uns also nicht zu verstecken als Randgruppe, nur sind wir das wirklich? Wie viele meiner Bekannten geben noch fleißig ab an Eltern und Großeltern wie an Kinder und Enkel. Dabei geht es nicht nur um Geld und Geschenke, viel mehr noch um Rat und Umsorgen. Was soll bloß an solcher tatkräftigen Hilfe randständig sein? Die Amerikaner beschreiben uns da viel treffender als »sandwich-generation«.

Ich muß doch nicht ständig zurückstecken, nur weil ich alt bin. Und immerzu in mildem Verständnis strahlen, das steht mir auch nicht. Wenn ich das Alter als einen völlig natürlichen Lebensabschnitt betrachte, dann heißt das auch, daß ich mich wehren muß, wie ich mich ein Leben lang wehren mußte. Ich halte nichts davon, mir aus falscher Bescheidenheit oder gar Ängstlichkeit die Butter vom Brot nehmen zu lassen. Die habe ich mir schließlich allein draufgeschmiert. In meiner Nachbarschaft trainieren alte Menschen mit Hilfe einer Psychologin, selbstbewußt über die Straße zu gehen. Mir gefällt das besonders gut. Für einmal werden sie nicht daran gewöhnt, sich unauffällig an ihre Umwelt, sprich rücksichtslose Autofahrer, anzupassen. Dafür lernen sie: Auch wenn sie schon etwas taprige Fußgänger sind, wird ihnen Raum zugestanden, solange sie nur bereit sind, ihn für sich zu beanspruchen. Fürwahr eine wichtige Altersregel!

Das gesellschaftliche Rollenprogramm hält für die Alten auch heute noch nur die kaum noch vorkommenden Hutzelgreise bereit. Was kann ich schon damit anfangen? Aus den Traditionen und Bräuchen der Alten vergangener Epochen ist die jetzige Altengeneration doch längst ausgeschert. Ich möchte keinesfalls nachahmen, wie meine Eltern ihre letzten Jahre verbrachten. Im Gegensatz zu meinen Vorfahren an keine bestimmte Altersrolle mehr gebunden zu sein, empfinde ich als ein Stück Freizügigkeit, ein Quentchen Bevorzugung, eine Prise Abenteuer. Aber ein Happen Verantwortung ist es auch. Vielleicht sogar ein Hauch Vertrauen.

Meine Generation weiß dank der erlebten Geschichte, was Unsicherheit bedeutet. Und sie kann sie aushalten. Deshalb sind wir auch eine begabte Altengeneration. Wir haben gelernt, unter sich ständig wandelnden Verhältnissen einen uns gemäßen Platz zu finden. Deshalb können wir auch den 40- und 50jährigen das Alter als eine Lebensspanne vorführen, in der es sich erstmals ohne festgeschriebene Leitbilder leben läßt. Wie wir inzwischen Orchideen züchten, alte Möbel nachbauen, die Volkshochschulkurse füllen, an Demonstrationen teilnehmen oder aber lebensmutig ein widriges Schicksal ertragen, darin zeigen wir uns mindestens ebenso bunt und vielgestaltig wie die Nachwachsenden. Ach, daß doch alle begriffen, wie es befreit, sich zu lösen vom herkömmlichen Reden und Denken und von der einseitigen Sicht auf die Wirklichkeit.

Mir bröckelten dabei manche Gewißheiten ab und

Tabus stürzten ein. Aber auf eine erstaunliche Weise öffneten sich neue Horizonte. Das Leben bekommt eine tiefere Qualität. Und man erlebt sich selbst ganz neu beim Aus-der-Reihe-tanzen. Welch ein Jammer, daß uns die gesetzlich vorgeschriebene Altersgrenze erst so spät erfahren läßt, wie man sich stückweise sein Menschsein zurückholt.

Wir Alten, das sind hauptsächlich Menschen zwischen 60 und 90, drei Jahrzehnte also. Das ist ein voller Lebensabschnitt, der paßt in kein Klischee. Er tut es um so weniger, als wir heutigen Alten Pioniere sind. Die sogenannten Neuen Alten zeigen sich behender und aktiver als je eine Altengeneration zuvor. Sie denken nicht daran, sich abzukapseln und setzen sich bereitwillig dem Leben aus. Möglicherweise gehören sie sogar zu einer Ausnahmegeneration. Viele Mediziner glauben, die Lebenserwartung könne wieder sinken, z.B. wegen Luftverschmutzung und Ozongehalt der Luft. Atemverbot läßt sich ja nicht wie Badeverbot erteilen. Die Neuen Alten sind aber nicht nur älter, sie sind auch gesünder und leistungsfähiger als frühere Altersjahrgänge. 80 % von ihnen sind mobil, sozial abgesichert und rüstig. Ein ganz ansehnlicher Anteil einer Gruppe, die allzu gern nur nach ihren pflegebedürftigen und vereinsamten Mitgliedern beurteilt wird.

Langsam wird es Zeit, diesen stetig in Richtung Gebrechen und Mühsal zeigenden Wegweiser auszureißen. Zweifellos gehören so manche Alte zu den Beladenen. Doch wie viele von ihnen sehen dennoch das Leben positiv und wissen noch von sich abzugeben! Ist es nicht eine Anmaßung, nur die Zeit zwischen 20 und 60 zum aktiven Alter zu erklären? Als ob die Alten, die ringsum beim Wandern, Reisen, Tanzen, in Hörsälen, Konzerten und Bürgerbewegungen anzutreffen sind, nicht enorm aktiv wären. Und die Kinder, die ich in meiner Umgebung erlebe, scheinen mir auch nicht gerade passiv zu sein. Die Zwischengeneration hat die produktiven Jahre keineswegs für sich gepachtet. Als Gegenbeweis brauchen wir nicht einmal den Hinweis auf berühmte Künstler, von denen etliche ihre besten Werke im hohen Alter schufen. Wie unsere Jahrgänge erfolgreich schriftstellern, malen, dichten und schauspielern, das kann sich wahrlich sehen lassen. Darum sind wir Alten ja auch diejenigen, die am wenigsten über das Alter klagen.

Nicht überall geht es so zurückhaltend zu. Gewöhnlich wird gern jedweder Konflikt durch freundliches Wortgeklingel zugedeckt. Aber das Stöhnen über den Altenberg, die Altenflut, die Altenfrage und das Altenproblem nimmt kein Ende. Man möge mir verzeihen, aber liegt nicht vielleicht das eigentliche Problem ganz woanders? Und wäre es nicht eher an uns, die Altenfrage zu stellen? Statt dessen dringt es von überall her auf mich ein: Altenlast, Pflegelast,

Rentenlast. Da ich zwar betagt, aber nicht beschränkt bin, ist mir schon klar, ich werde als Last empfunden. Soll ich deswegen in Sack und Asche gehen? Nein, ganz gewiß nicht! Sofern ich denn lästig bin, nehme ich nach einem arbeitsreichen Leben auch einmal das Recht dazu in Anspruch. Habe ich nicht auch so manche Last getragen? Die Kriegszeiten und die Bombennächte, die getöteten Verwandten und Freunde, der Nachkriegshunger mit den kleinen Kindern, der schwierige Neuanfang, die emotionale Stabilität der lieben Familie, die kranken Eltern, der leidende Mann. Jetzt bin ich eben dran, na und? Auch wenn ich der Gesellschaft unerwünscht bin, bleibe ich mir selbst wichtig. Ich sehe anstelle der Alten- und Pflegelast, die wir angeblich sein sollen, viel eher das Alterskapital, das wir darstellen. Wie sähe wohl unsere Gesellschaft aus ohne die vielfältige Mitarbeit all derer, die ihr unbezahlt zuarbeiten? Da können mir doch alle diese Rufer und Mahner mit ihrem Problemgeraune gestohlen bleiben. Mögen Finanz- und Sozialpolitiker die ergraude Bevölkerung von jeher als traurige Problemgruppe betrachten, ich erlaube mir, mich eher als ein Vergnügen anzusehen.

»Altenlast« oder »Sozialleichen«, das klingt nicht gerade freundlich, dafür um so eindeutiger nach Verteilungskämpfen. Da heutzutage vor allem Geld zählt, bilden weniger wir selbst als unsere Renten den Stein des Anstoßes. Wir angeblichen »grufties«

müssen uns deshalb nicht gleich jede Jacke anziehen, die in der Gegend herumhängt. Muß ich etwa vor Dankbarkeit zerfließen, nur weil ich einigermaßen gut versorgt bin? Immerhin habe ich lange genug für meine Rente ganz ansehnliche Sümmchen gezahlt. Wenn Vater Staat dieses Geld all die Jahre hindurch zweckentfremdet verbraucht hat, liegt es in seiner Verantwortung, die Leistung für mich anderweitig zu beschaffen. Und so üppig ist die Versorgung nun wieder auch nicht. Noch vor zehn Jahren lag die Altersrente von 86 % der Frauen unter 1 000 DM. Ich verstehe, daß die Jüngeren nicht gern für mich schuften, aber habe ich nicht mit meinen Steuern über Jahrzehnte ihre Kindergärten, Schulen und Berufsausbildung mitfinanziert? Da brauche ich mich doch nicht zu schämen, wenn sie jetzt etwas für mich tun.

Nun ja, der Generationenvertrag könnte beliebter sein. Dagegen werde ich als Konsumentin hoch geschätzt. Vielleicht holt die Allgemeinheit ja einmal nach, was die Wirtschaft bereits kann. Die reagiert zwar immer nur dann schnell, wenn sie ihren Vorteil wittert, gleichwohl führt sie vor, wie leicht man sich auf alte Menschen einstellen kann. Zumal Armut keineswegs mehr das Kennzeichen des Alters ist. Mittlerweile liegt die Kaufkraft der 60 Jahre alten Menschen dreimal höher als die der 20jährigen. Ich darf mich also geradewegs als einen Glücksfall für die Produzenten betrachten. Seitdem der Babymarkt wegen sinkender Geburtenzahlen schrumpft, bin ich eine willkommene Marktlücke. Unter der Losung »unbeschwerter Lebensabend« verkauft sich Nützliches und Unnützes gleichermaßen gut.

Was flattert mir nicht alles ins Haus! Von Altenspielen bis zu Altenmenüs jagt ein Hit den anderen und alles eigens für mich patentiert. Ich kann unter Hunderten nur für mich erfundener Angebote wählen. Das ist Wertschätzung im wahrsten Sinn des Wortes. Sogar die Modebranche begreift, daß wir Alten auch ohne tiefes Dekolleté und zwei Handbreiten über dem Knie auskommen. Je knapper die Personalressourcen für unsere Betreuung werden, desto höher steigen die Chancen für neue Produkte. Konsum als Fortsetzung der Jugend mit anderen Mitteln, so ist es von den Herstellern wohl gedacht. Für sie kann es ohnehin immer nur besser werden. Meine Generation stellt noch sparsam erzogene Verbraucher und Verbraucherinnen. Von Jahr zu Jahr rücken aber immer mehr konsumangepaßte Menschen in die Altersjahrgänge nach. Das Geschäft beruht jedoch durchaus auf Gegenseitigkeit. Während die Produzenten an uns verdienen, lernen wir von ihnen, daß wir keine vereinzelten »Omas« und »Opas« mehr sind. Wir sind ganz offensichtlich ein Macht.

Kaum zu glauben, allein schon, weil wir zahlreich sind, üben wir Macht aus. Nicht nur die Wirtschaft, auch die Politik hat mich bereits entdeckt. Einige

Parteien richten ausdrücklich Seniorengruppen ein. Andere schreiben vielversprechende Programme für mich. Am schönsten ist es vor den Wahlen. Da brechen güldene Zeiten an. Wieviel lobende Worte ich da zu hören bekomme! Es sieht ganz so aus, als ob wir die Wahlen nicht unwesentlich mitentschieden. Freilich ist danach bald vieles wieder vergessen. Doch für ein Weilchen mußten sich die Mandatsträger immerhin mit meinen Gedanken und Sorgen beschäftigen. Sie werden dabei wohl begriffen haben, daß ich nicht nur zu einer politikträchtigen, sondern auch zu einer politikfähigen Gruppe gehöre. Bei unseren Jahrgängen darf niemand mehr nur aufs Wegsterben hoffen, wie dies ursprünglich den Trümmerfrauen in der Frage des Erziehungsgeldes ergangen ist. Zum Glück wächst bei uns Alten mit der Zahl auch das Selbstvertrauen. Immer weniger von uns lassen sich noch mit Kaffeenachmittagen abspeisen, sei es als Verbraucher oder in der Politik. Ich kümmere mich sorgfältig um die Parteien und ihre Worte und Taten. Nur verwertbar bin ich nicht mehr für sie. Manchmal ist es günstig, alt zu sein.

Wegen der umgestülpten Alterspyramide stellt sich kommerzielles, sozialpflegerisches und parteipolitisches Denken zumindest teilweise auf mich ein. Altenautos und Altenmöbel werden gebaut, Altenbücher und -broschüren gedruckt, Altenwohnungen eingerichtet und Altenreisen organisiert. Altenclubs und Altentreffs, die Universität für das dritte Lebensalter und zahllose andere Vereinsangebote wirken überaus segensreich. Gleichwohl geht es meist nur darum, uns mehr oder minder sinnvoll zu beschäftigen. Unsere Fähigkeiten für andere fruchtbar zu machen, daran denkt kaum einer. Dabei könnten unsere durch die verlängerte Lebenserwartung gewonnenen Jahrzehnte auch für die Gemeinschaft einen Gewinn bringen. Müßte da nicht ein neues Denken her? Aber bitte jetzt keine Mißverständnisse! Ich baue nicht auf die übliche Altenpolitik. Und erst recht nicht auf von Rentenmathematikern, Gerontologen und Sozialbeamten entworfene Programme. Ich denke an Initiativen, die wir Alten selbst anstoßen und mitgestalten.

Mit der Geringschätzung des Alters wurde ja auch erreicht, daß wir uns nicht gemeinsam wehren. Zu viele schämen sich. Warum um Himmels willen sollte ich das tun? Etwa weil ich so viele Jahre mit Anstand hinter mich gebracht habe? Nichts da, wir dürfen uns nicht zerkrümeln lassen. Wir müssen zusammenfinden. Indem wir uns gegenseitig bestätigen, verhindern wir, daß das Naserümpfen über die Alten zu einer Waffe gegen unsere Anteilnahme am Leben wird. Mir will scheinen, bei uns Alten schlummert enorm viel Energie, Lebensfreude und Gestaltungskraft. Selbst Kranke stehen oft noch mit ihrer Erfahrung den Jüngeren bei. Daran denken die Jungen meist nicht. Es ist auch nicht ihre Aufgabe, das Alter, wie es heute so schön heißt, »positiv zu besetzen«. Hingegen könnte es unsere Sache sein, es zu einem Zielpunkt werden zu lassen, auf den die Jungen gerne zusteuern.

Viele großartige wechselseitige Hilfen sind längst im Gange. All die selbstorganisierten Literaturzirkel, Hobby-Börsen, Fahrradkurse für Anfänger über 60, Kegelabende, Notruf-Systeme, Reparaturenteams oder die gemeinsamen Theaterbesuche, Gedächtnistraining, Gymnastikstunden und Hilfen zur Bewältigung der Alltagstechniken zeugen davon, daß wir nicht warten auf das, was andere für uns tun. Wir wollen nicht immer nur als anregungsbedürftig gelten, wir treten selber für uns ein, wie unter anderem die Grauen Panther unübersehbar beweisen. Es sollte uns doch gelingen, dies alles auch als Angebot für andere Gruppen nutzbar werden zu lassen. Es wäre doch gelacht, schafften wir es nicht, unseren Einfallsreichtum und unsere Erfahrung und Disziplin zu aller Nutz und Frommen einzusetzen.

Nirgendwo steht geschrieben, wir müßten dabei im eigenen Land verharren. Wir sind ja schließlich weitgereist und belesen genug, um über den eigenen Gartenzaun zu schauen. Sehen wir nicht auf unseren Bildschirmen fast täglich unter den Millionen Leidenden immer wieder besonders betroffene Alte? Ich kann mir gut vorstellen, wie sich einer Initiative »Alte helfen Alten« oder einer Aktion »Alte sammeln für Alte« Geldbeutel und Herzen willig öffnen. In Rußland, Polen oder anderen osteuropäischen Staaten kommt die Gesamtbevölkerung halbwegs zurecht. Aber die Armen und Alten leiden und hungern sehr. Solche Verhältnisse rufen doch geradezu nach unserer Solidarität.

Vielleicht gelingt es uns hierzulande, über soziale und gesellige Angebote hinaus auch die Infrastruktur in unserem Sinne zu beleben. Über Zeit und Nachdenklichkeit verfügen wir ja ausreichend. Unsere Vitalität kann sich ohnehin nicht nur in Reisen, Konsum und Lernen erschöpfen. Und wer will schon seine alten Tage nur mit Zeitvertreib verplempern. Schon jetzt sehe ich immer mehr alte Menschen, die bei botanischen Bestandsaufnahmen helfen, Fotos für eine Ausstellung historisch datieren, Wasserproben überprüfen oder unauffällig Kinder auf dem Spielplatz bewachen. Kurz, sie setzen ihre beruflichen oder im Leben erworbenen Kenntnisse für die Gemeinschaft ein. Und weil immer mehr rüstige und aktive Fachleute zu uns stoßen, werden auch immer mehr mündige Alte sich geduldig und ausdauernd um ihre Mitbürger sorgen.

Die Kommunen werden da einiges zu bewältigen haben. Dort wird man umdenken müssen, wenn eine größere Bevölkerungsgruppe Zeit und Interesse in menschliches Zusammenleben investiert und nicht nur motorisiert blindlings die Ortskerne durchrast. Unserer Gesellschaft fällt es ja offensichtlich schwer, sich nicht nur auf den im Produktionsprozeß stehenden 30jährigen Mann zu konzentrieren. Sie übersieht gern, daß es Kinder, Heranwachsende, Frauen und eben auch uns Alte noch gibt. Also nutzen wir doch unsere Unabhängigkeit ein wenig für andere. Je bewußter wir das tun, desto weniger werden wir fragen, was mit uns geschieht. Wie andere uns behandeln, wird weniger wichtig werden. Was wir für sie erreichen, wird für uns entscheidend sein. Wer weiß, vielleicht stirbt dann auch die Wegwerfmentalität gegenüber Menschen aus.

Jetzt aber aufgepaßt Freundinnen und Freunde und nicht in die Helfersfalle getappt! Ich kenne alte Menschen, die weit über ihre Kräfte hinaus sich immerzu nur um andere kümmern. Sie brauchen es, gebraucht zu werden, damit sie mit ihrem eigenen Leben zurecht kommen. Ohne dieses Aufopfern wissen sie gar nicht mehr, wer sie sind. Was aber werden sie tun, wenn ihre Kräfte sie einmal verlassen? Schwindet ihnen dann auch der Sinn ihres Daseins? Helfen gehört zu den größten Freuden des Lebens, indessen darf es nicht zum Lebensersatz werden. Überhaupt sollten Pflichten das Leben nicht völlig beherrschen. Nicht einmal für eine Frau. Wir sind zwar mit Tugenden wie Verzicht, Fleiß, Selbstverleugnung und Bescheidenheit aufgewachsen, doch stehen diese heute nicht mehr hoch im Kurs. Jedenfalls haben wir lange genug mit ihnen gelebt, um sie nun teilweise über Bord zu werfen. Auch das will gelernt sein. Aber es gibt Dinge, die sich schwerer erlernen lassen.

Das Gefühl, gebraucht zu werden, ist gut und befriedigend. Muß ich mich aber deshalb stets zur Nutzanwendung bereithalten? Das zeichnet doch das Alter aus, daß man gerade nicht mehr zweckgerichtet leben muß. Ich darf werden und wachsen lassen, statt ständig zu ordnen und zu richten. Deshalb will ich nicht mehr in der Verwertbarkeit unterschlupfen

Lernen, wer ich bin, auch unabhängig von dem Kreis, der mich umgibt, heißt noch lange nicht, nur um die eigene Person zu kreisen. Will ich die Jahre gut anwenden, muß ich an mich selbst denken dürfen. Bin ich ausgefüllt und zufrieden, kann ich auch wieder abgeben. Wer sein Körbchen voll gesammelt hat, der kann sich verausgaben und tut es meist ohne nachzudenken. Gewiß gibt es vielerlei Arten, sich als alter Mensch nützlich zu machen. Doch denke niemand, weil er anderen nicht nutzt, sei er selbst unnütz. Unsere Lebensberechtigung hängt nicht davon ab, ob wir von Nutzen sind. Dies ist eine der erfreulichen Alterserrungenschaften: Jetzt fällt es leichter, auch einmal Nein zu sagen. Ich weiß ja nun endlich, wo meine Richtschnur hängt. Kann sein, es setzt mißbilligende Blicke. Wenn ich vom üblichen Verhalten abweiche, gelte ich gleich als verschrullt. Das Übliche stellt man nicht ungestraft in Frage. Trotzdem helfe ich gerne. Aber ich brauche es nicht mehr, um meinen Wert zu bestätigen.

Dieses Gebrauchtwerden ist ein Erbe früherer Zeiten. Heutzutage, da schon für die Jungen die Arbeit ausgeht, muß ich nicht mehr gebraucht werden. Die Oma »fürs Grobe« ist ja glücklicherweise schon wieder unmodern. Was mich nicht hindert, mich begeistert meinen Enkeln zu widmen. Jedoch lasse ich mich nicht regelmäßig einplanen. Ein jegliches hat eben seine Zeit. Wenn ich Großmutter bin, dann will ich Großmutter sein und nicht Ersatzmutter. Heute verlangt die höhere Lebenserwartung von allen Generationen, ihr Leben richtig zu planen und einzuteilen. Eltern betrügen sich um wichtiges Erleben, wenn sie ihre Kinder ohne äußeren Zwang bei den Großeltern abladen. Damit schieben sie einen Schwerpunkt ihres Lebensabschnitts beiseite. Das ist falsch, weil dieser später nie mehr so nacherlebbar ist. Genauso falsch ist es, wenn Großeltern auf eine bereits durchlebte Phase zurückgreifen. Sie bringt im nun erreichten Stadium keine neuen Entwicklungsmöglichkeiten mehr. Wir Alten müssen uns schon als die annehmen, die wir sind, wenn wir unsere Lebensspanne voll ausschöpfen wollen.

Aus den verpflichtenden Lebensumständen herausgelöst zu sein bedeutet auch eine große Chance. Eine Chance, die sich mir eröffnet, die ich mir aber auch öffnen muß. Das ist nämlich die freundliche Kehrseite: Ausgegrenzt zu sein macht es mir leichter, aus der Entfremdung zu mir selbst zurückzukehren. Und Hand aufs Herz, war der ganze Rummel wirklich so erhebend? Dieses ständige Eingespanntsein, die ewige Hetze, und immerzu pfiff man auf dem letzten Loch! Im Grunde gibt es doch nichts Langweiligeres als diese effiziente Welt da draußen, nur auf reibungslosen Ablauf bedacht, ganz ohne Geheimnis und Duft und ausverkauft bis ins Letzte. Dagegen entpuppt sich die angebliche Ödnis des Alters doch als üppig blühende Wiese.

Jetzt ist es soweit, ich kann den Steuerungsmechanismus nun gänzlich von der Außen- auf die Innenlenkung umschalten. Indem wir Alten an den Rand der Gesellschaft gedrängt werden, rücken wir näher an die Mitte unseres Menschseins heran. Manchmal will es mir vorkommen, als ob ich erst jetzt den Gehalt des Lebens wirklich erspürte. So nachdrücklich wie ich immer gelebt habe, ist das sicher ein Trugschluß. Aber er zeigt mir, das Alter hat mir eine neue tragfähige Grundlage mit lebendigen Impulsen geschenkt. Ja, es läßt sich gut alt werden, seitdem ich weiß, daß ich das meiste, was mir hilft, in mir selbst zu suchen habe. Damit weiß ich, es wird mir auch zur Verfügung stehen, falls ich einmal krank, schwach oder behindert sein werde.

Da ich schon als Frau nur zweitrangig war und nun überdies als Alte hintangestellt werde, müßte ich mich doppelt benachteiligt fühlen. Ich gleiche das aus, indem ich mir mit doppeltem Wohlwollen begegne. Wann, wenn nicht jetzt, darf ich meine inneren Wünsche hervorholen? Freilich, konfliktbereit muß ich schon sein, will ich nicht nur klammheimlich mein eigenes Leben leben, sondern die Altersphase als ein mögliches Gegenmodell von Leben sichtbar machen. Mir dämmert es, jetzt endlich ist Individualität möglich, vielleicht sogar Autonomie. Konventionen sind nun nicht mehr so wichtig. Ich will keine Lorbeeren mehr erringen, also muß ich auch keine falschen Rücksichten mehr nehmen. Ich kann offener handeln und direkter reden, auch spontaner auf Menschen und Situationen zugehen. Ich kann Ungelebtes hervorholen und Abgedrängtes pflegen. Nicht alles Versäumte ist nachholbar, aber alles Unnütze kann beiseite geräumt werden. Wir können wahrhaftiger leben, und das gleicht allemal manche Einschränkung aus.

Das ist sie nun, die Freiheit, die ersehnte. Sie mag für uns verwaltete Menschen immer begrenzt sein, dennoch ist sie herrlich. Ich fühle mich unglaublich bevorzugt, so leben zu können, wie ich als alte Frau lebe. Nicht gerade üppig und gelegentlich schmerzgeplagt, aber doch ziemlich selbstbestimmt. Endlich nicht mehr im Streß, nicht mehr vermarktet, nicht mehr ausgenutzt und sogar ohne Termine. Dies ist die Jahreszeit meines Lebens, in der ich mich ungeachtet etlicher Kümmerchen in der für meine Vorstellungen geringstmöglichen Abhängigkeit fühle. Die alten Bindungen bestehen fort, jedoch gehöre ich nun keinem Verband mehr, keinem Betrieb, keinem Verein, Club oder sonstigem Kraken. Ich bin so frei, wie man nur immer vor der letzten, der ganz großen Freiheit sein kann. Diese Freiheit mag von außen ruhig als Narrenfreiheit angesehen werden, sie bleibt dennoch das vielleicht größte, das kostbarste Geschenk meiner jetzigen Altersstufe.

Zu ihr gesellt sich die Freiheit der Bedürfnislosigkeit. Weil ich mich nicht mehr in äußeren Erfolgen spiegeln muß, brauche ich weniger Zubehör. Ich weiß nun, was ich an mir habe, deshalb verliert Besitz an Wert. Das Haben-wollen ist nur wichtig für die Jahre, in denen das Sein nicht so stark empfunden wird. Das gilt auch für die erotische Anziehungskraft. Obgleich es bereits ein Weilchen zurückliegt, besinne ich mich gut, wie erlöst ich war, von sexuellen Belästigungen befreit zu sein. Ich war nie ängstlich, dennoch fühlte ich mich ausgeliefert. Auch wenn ich Männer mochte, nährte ich mich nie davon, begehrenswert zu sein. Deshalb vermisse ich nichts, seit ich ihre Augen nicht mehr flackern sehe. Nur eine kleine Befreiung, aber ich schätze sie.

Was brauche ich überhaupt noch, wenn unwichtig wird, was andere dazu sagen? Das ist gar nicht so einfach zu bestimmen. Denn siehe da, es stellt sich heraus, auf das allermeiste kann ich verzichten. Ich kann es ja im Kopf herstellen. So sondere ich nun umgekehrt aus, was ich nicht mehr bei mir haben möchte. Wenig bleibt übrig, wenn die Normen des Glücks nicht mehr mein eigenes Glück ausmachen. Meine Jahrgänge wurden durch den Krieg früh darin geübt, materielle Verluste zu überwinden. Das kommt uns jetzt im Alter zustatten. Da ging einmal alles verloren, und trotz des Bedauerns war eigentlich nichts Wichtiges verloren.

So gut das alles auch klingen mag, so vergesse ich doch nicht, daß auch eine verdeckte Tatsache eine Tatsache ist. Rand bleibt Rand, ob freiwillig oder erzwungen. Und vollständig ohne Regeln geht es auch nicht. Andererseits weiß ich, daß alle Menschen sich in allen Lebensphasen hauptsächlich zwischen verdeckten Tatsachen einrichten. Warum sollte also nicht so etwas wie eine gemeinsame soziale Kultur wachsen können. Darunter stelle ich mir ein gelassenes Miteinander vor, an dem die aus Unreife, Angst und Überlastung geborene Abneigung der jüngeren gegen alte Menschen abprallt.

Auch wenn die Gesellschaft offenbar lieber ohne

uns auskäme, dürfen wir sie nicht allein lassen. Sie hat schon deshalb eine Altersspitze nötig, damit das notwendige Miteinander von Tradition und Moderne gelingt. Jeder Organismus bedarf aller seiner Glieder, will er sich am Leben erhalten. Doch nicht nur die Allgemeinheit braucht uns, um ausgewogen zusammenzuwirken. Auch wir müssen uns als notwendige Mitglieder der Gemeinschaft erleben. Ein Drittel der Bevölkerung darf nicht nur im eigenen Saft schmoren. Welchen Sinn würde es denn machen, daß uns die Wissenschaft zu so viel längerem Leben verhilft? Wir haben uns unseren Ort im Alltagsleben erobert, jetzt sind wir dran, unser kulturelles coming out anzufügen.

Zugegeben, es ist nicht immer einfach, in der modernen Kultur heimisch zu werden. Manches an ihr lockt die Sehnsucht nach Vergangenem herbei. Sie überzeugt mich keineswegs immer, dennoch spüre ich ihren Reiz und bemühe mich, ihren Geist zu verstehen. Man darf nicht fremd werden in seiner Zeit. Fremdheit gebiert Unsicherheit, und die können wir Alten uns nicht leisten.

Man darf aber auch nicht eng werden in seiner Zeit, worauf wiederum die Jüngeren achten sollten. Sie sprechen ihre eigene Sprache, und das muß auch so sein. Nur müssen wir darob nicht verstummen. Ich will nicht abhanden kommen als Zeugin meiner Zeit, ich habe noch immer etwas zu sagen. Bisher tummeln wir uns rege untereinander. Das ist zu wenig. So wie eine breite Jugendkultur gewachsen ist, so kann auch eine Altenkultur zur Gemeinschaft beisteuern. Mag sein, daß Gerontokraten wie Reagen, Deng, Mitterand, Adenauer, Honecker und Breschnew nicht allzu hoffnungsfroh hinsichtlich eines kulturellen Beitrags der Alten stimmen. Aber Völker und Kulturen finden trotz großer Hindernisse einen Weg zueinander, warum sollten es die Generationen nicht schaffen? Die Generation der Grauhaarigen könnte dabei die Lücken ausfüllen, die eine zu sehr auf Erfolg gerichtete Lebensweise gerissen hat. Wir sollten nicht nur darauf warten, uns künftig allein zahlenmäßig durchzusetzen. Da prägen wir doch lieber mit an der Form, in der eine immer älter werdenden Gesellschaft sich gemeinsam einrichten kann.

Jüngere Menschen zeigen immer wieder, daß sie nichts mehr von uns Alten erwarten. Das ist nicht nur bitter, es fordert uns heraus. Wir wissen doch, wir können uns noch viel zutrauen. In unserer Generation warten viel Fantasie, Kreativität und Ideen darauf, anderen zu begegnen. Und so träume ich denn von der Mitwirkung derjenigen, die das Gerangel um die eigenen Interessen bereits hinter sich haben. Die sehen, was not tut, wissen, woran es fehlt, und dazu beitragen, neues Unrecht zu verhindern. Die ihre Kräfte nicht nur für die eigene Tasche nutzen und nicht müde werden, anderen beizuspringen.

Die furchtlos ihre Meinung sagen, ermuntern und warnen, aber auch warten können und zuschauen. Die ihre Aufgaben anpacken, egal ob die Jüngeren sie stellen oder nicht.

Ich kann einsehen, daß unser berufliches Wissen überholt ist. Aber unsere soziale und menschliche Erfahrung taugt weiterhin. Hier ändert sich nicht so viel. Also graben wir ein bißchen an den Kanälen, durch die sie fließen kann. Schließlich haben wir in einer Epoche gelebt, aus der sich allerhand lernen ließ. Oft lauschen die Jungen auch sehr neugierig, wenn wir die Fäden zwischen Vergangenem und Gegenwärtigem knüpfen. Wenn sie spüren, daß sie sich ihren Platz nicht mehr gegen uns erkämpfen müssen, lassen sich die Jüngeren vielleicht ja auch einmal von uns fragen, warum sie dies oder jenes tun. Ich denke mir, der andere Blickwinkel könnte hilfreich für sie sein. Wir haben den Reichtum der Zeit des Alters entdeckt und brauchen uns nicht mehr anzuklammern. Aber die künstlichen Trennwände, die wollen wir niederlegen. Einander deutlicher wahrzunehmen, wäre das nicht lohnend?

Heute wird viel über Streitkultur gesprochen. Sie ist auch angemessen für Menschen, die ihren Standort erst noch ausloten müssen. Es wäre schön, könnten wir ergänzend eine Verständniskultur aufbauen, in der unterschiedliche Sichtweisen gelten. Ich stelle mir vor, wir Bejahrten entwickelten ohne jede Feindseligkeit eine Gegenkultur zu dem herrschenden Konkurrenzdruck, dem Egoismus und der Karrierebesessenheit. Sie könnte eine Kultur der Ruhe werden und der Besinnung. Gegenseitiger Respekt sollte dabei die Gruppenaggressivität ersetzen, weil, ganz gleich, ob jung oder alt, in dieser Kultur der Mensch wichtiger wäre als das funktionierende System. Nein, ich bilde mir nicht ein, wir segelten bald alle als liebe kleine Engelein durch die Lüfte. Aber wir sollten wenigstens versuchen, ein bißchen mit unseren Flügeln zu schlagen.

Im Alter weiß man, daß der Kaiser nur äußerst selten neue Kleider anhat. Und was noch wichtiger ist, man traut sich, dies auch zu sagen. Deshalb könnten wir an der allzu gewissen Fortschrittsgläubigkeit rütteln, das allzu satte Wohlleben aufrühren und die allzu unbekümmerte Ellbogengymnastik untergraben. Das dürfte keine leichte Aufgabe sein für an den Rand verwiesene Alte. Was aber ist schon leicht auf dieser Welt? Ein Grund, es nicht zu versuchen, ist es jedenfalls nicht.

Unruhestand

oder das Gerede über den Starrsinn

Von der Hochzeit der oder des 74jährigen mit der Jugendblüte in den Zwanzigern hat jeder schon einmal gehört. So etwas ist immer eine Meldung wert, schon deshalb, weil ein alter Mensch einen entschiedenen Schritt unternimmt in eine neue, fordernde Lebensstufe. Uns Alten klingen derartige Nachrichten nicht besonders sensationell, dazu ist uns der ständige Wechsel bis ins hohe Alter viel zu vertraut. Das Leben beginnt vielleicht nicht gerade mit siebzig, aber es endet dort auch keineswegs. Kommt etwa nicht fortwährend Neues auf mich zu und lockt mich, Vergangenes loszulassen, Abschied zu nehmen von Früherem? Erstaunlich, wie vieles dabei zum Krempel wird, das noch vor kurzem von höchster Wichtigkeit war! So viele Inhalte erledigen sich von selbst, und welch Vergnügen kann es sein, sie wegzuwerfen. Je öfter ich sage, das brauchst du nun für die nächste

Stufe nicht mehr, desto eindringlicher fühle ich, wie das Leben unmittelbarer wird.

Die Jüngeren sehen in der Altersphase gern einen vorgezeichneten Weg ohne weitere Umorientierung. Deshalb halten sie uns denn auch für unbeweglich und starr. Wenn sie wüßten, durch wie viele Tore wir noch gehen! Selbst Irrwege gehören noch dazu. Es braucht halt ein langes Leben, bis man zu leben gelernt hat. Auch in den späten Jahren gibt es keinen Stillstand. Dabei nehmen Erfolge den Mißgeschicken und Mißgeschicke den Erfolgen ihre Wichtigkeit und machen einander auch wieder wertvoll. Bewegte wechseln mit besinnlichen Strecken, frohe Perioden mit trüben. Wie anders auch sollte ich reifer werden? Zugegeben, das mutet gelegentlich wie Schwerarbeit an. Und sehr geruhsam ist es ebenfalls nicht, sich stets auf neuen Wechsel einzulassen. Aber unter den zahllosen Anstrengungen, die ich für alle möglichen Ziele unternehme, lohnt diese vor allem. Ein erfülltes Leben, das bedeutet doch ganz wörtlich Fülle, bedeutet unablässig bereit zu sein, in Zukünftiges hineinzugehen. Und staunend gewahre ich, welch spannender Findungsprozeß das ist, durch alle Veränderungen immer wieder zu mir selbst zu stoßen.

Mit dem Alter kommt die Zeit des eigenen Lebens. Die Rollen der Vergangenheit entschwinden. Ich war Tochter, Freundin, Geliebte, war Ehefrau, Mutter, Schwiegertochter, Bürgerin, Arbeitskraft,

Mitglied, wann war ich eigentlich ganz ich? Bin ich mir unter dem Druck der täglichen Aufgaben nicht allzu oft selbst in Vergessenheit geraten? So viele Jahrzehnte mußte ich mir erst auf den Buckel laden, bis ich erfahre, daß es möglich ist, sich selbst gemäß zu leben. Das ist keine Ichsucht und kein Eigennutz. Das kommt schlicht daher, daß ich nun selbst über mich verfügen kann.

Endlich werde ich nicht mehr erzogen, nicht mehr angeleitet, nicht mehr eingeführt. Wie war das denn die Jahre zuvor? Schon auf dem Töpfchen ging es los, ich lernte, mich erwartungsgemäß zu verhalten. Später im Kindergarten sollte ich mich sozial verhalten, in der Schule ordentlich, in der Tanzstunde weiblich, im Beruf leistungsbewußt, in der Ehe klug, den Kindern gegenüber mütterlich. Immer wurde mir vorgeführt, wie man es macht. Nur selten erfuhr ich, wie es ist. Das wußten ja die anderen, die einem deshalb sagten, wie man sich zu verhalten habe. Jetzt endlich als Alte nimmt mich niemand mehr an die Hand. Ich bin zu mir selbst entlassen.

Zu guter Letzt darf ich mit mir selber fertig werden, und das ist keineswegs langweilig. Im Gegenteil, ich bin verblüfft, wie anregend es sich mit sich selbst leben läßt. Fortwährend begegne ich mir als eine andere, und auf jeder Stufe kommen weitere Gefährtinnen dazu. Manche sind eng vertraut, andere kaum geahnt, etliche tief verabscheut oder innig geliebt, ein paar herzhaft gehaßt oder heiß ersehnt. Längst verloren Geglaubte sind dabei, aber auch nur flüchtig Gekannte oder solche, die völlig fremd scheinen. Woher stammt nur das Märchen vom Alter als einer Periode des Erlöschens? Es wimmelt nur so von Ichs und Gegen-Ichs, ein ganz beachtliches Völkchen ist da im Laufe der Zeit zusammengekommen. Wahrhaftig, ich bin ein richtiger Multi mit allen diesen Helferinnen und Gegnerinnen, Kumpeln, Versucherinnen, Freundinnen und Angreiferinnen. Facettenreich wie ein Insektenauge komme ich mir vor, und gnade mir der Himmel, wenn meine Schatten miteinander in Streit geraten, was gar nicht so selten geschieht. Von Ruhestand jedenfalls keine Spur bei diesem ständigen Kommen und Gehen. Denn fein auf dem Mittelstrich zu bleiben zwischen Hasenfüßen und Heldinnen, Drückebergerinnen und Tapferen, zwischen Gewinnerinnen und Kleinmütigen, Siegerinnen, Verräterinnen und Bewunderinnen, das versuchen wir doch alle bis zu unserem letzten Stündchen, nicht wahr?

Wen wundert es bei so viel Betrieb, daß sich der Blick verändert? Es wäre schrecklich, wäre das nicht so. Ich kann schließlich mit siebzig die Dinge nicht ansehen wie eine 16- oder meinetwegen auch 45jährige. Das wäre doch regelrecht blamabel. Schon bei den profansten Gegenständen fängt es an. Nehmen wir nur einmal das Telefon. Ich habe es immer für eine äußerst zudringliche Einrichtung gehalten. Wie ein Sklave wurde man herbeigeklingelt, zu jeder Tages- und Nachtzeit mußte man sich parat halten. Für das Berufsleben taugt das Telefon recht gut. Aber auch sonst konnte jeder bei jedem in jedem Augenblick jede Beschäftigung stören. Und wie selten war das wirklich notwendig! Später, als ich in die Jahre kam, zeigte das Telefon ein anderes Gesicht. Nun schafft es Nähe, wo Entfernungen unüberbrückbar werden, hält Verbindungen, die anders nicht aufrecht zu erhalten sind, versorgt mich mit Neuigkeiten und bietet mir obendrein Sicherheit für den Notfall. Mit den Ebenen des Erlebens verändert sich auch die Wahrnehmung. Da stellt sich gar nicht die Frage, welche nun besser oder schlechter, genauer oder verzerrter sei, jeder Lebensabschnitt birgt seine eigene Wahrheit. Das trifft für den Alltag ebenso zu wie für die großen Fragen.

Wozu wären alle unsere Erfahrungen gut, hätten wir uns nicht einen anderen Blickwinkel erobert? Daß er oftmals für unflexibel gehalten wird, beruht nur auf einer optischen Täuschung. Er kommt eben aus einer größeren Distanz. Vielleicht ist er nicht mehr so erwartungsvoll, doch dafür verfügt er über eine geweitete Perspektive. Im Alter wird man im doppelten Sinne weitsichtig. Es liegt nicht nur an den Augenmuskeln, wenn die einzelnen Geschehnisse verschwimmen. Uns kümmert nicht mehr so sehr, welcher Skandal gerade die Gemüter bewegt oder worum der letzte öffentliche Meinungsstreit tobt. Aber die Gesamtentwicklung, die erkennen wir häufig besser, und wir stufen Veränderungen genauer ein. Es ist schon richtig, die meisten von uns haben die Finger nicht mehr in der Suppe. Dafür überblicken wir die ganze Mahlzeit.

Da klinkt vieles ineinander: Gegenwärtiges, kürzlich Erlebtes und lang Vergangenes. Ob nah oder fern, fremd oder vertraut, mir fließt die Welt zusammen in ein großes, einheitliches Bild. Deshalb erträgt es sich immer schwerer, wenn Unrecht geschieht. Ich sehe, wie das Ganze durch jede Einzelheit leidet.

Vermutlich empöre ich mich deshalb mehr als früher über Übelstände und Ungerechtigkeiten. »Mutter, das geht Dich doch gar nichts an«, sagen die Kinder oft. Doch ich finde, es gibt nicht viel auf dieser Welt, das einen nichts angeht. Sonst höre ich ja geduldig zu, wenn mir die Küken erklären, was es denn so mit dem Alter auf sich hat. Hier aber mucke ich auf und frage, warum gilt eigentlich alles, was anständig, vernünftig oder auch nur aufrichtig ist, als naiv. Ist es nicht umgekehrt der Gipfel der Naivität all diese abgefeimten Tricks, die miesen Gaunereien und die heute so beliebt gewordene Besitzgier für gewitzt und clever zu halten? Mir scheint, der größere Abstand und die veränderte Optik mildern keineswegs das Urteil. Der Blick wird eher kritischer.

Kritische Alte, das ist ein schwerer Brocken für

die herkömmlichen Formen der Altenbetreuung. Daran waren sie nicht gewöhnt. Allein diese Fachkongresse! Das läuft doch allzu oft nach dem immer gleichen Schema ab. Die Vortragenden sind bedeutend jünger als wir, die diskutierenden Funktionäre auch und die Berichterstatter erst recht. Wir, die es angeht, sind höchstens in Spurenelementen vertreten. Da faßt man sich doch an den Kopf: Es geht dabei ja nicht um Säuglinge oder Kleinstkinder, die sich nicht ausdrücken können. Ich will niemandem unrecht tun, viele, die sich um Alte kümmern, sind einfühlsam und rücksichtsvoll. Wir sind auch gewiß froh, daß Jüngere sich mit uns befassen. Bloß warum machen sie Politik nur über und nicht mit uns Alten? Es wäre ja vielleicht kein Fehler, uns, die Betroffenen, zu fragen, wie wir es gerne hätten und welche Angebote wir uns wünschen.

Wir werden sorgfältig erforscht, häufig auch gut versorgt, nur nicht ganz für voll genommen. Und dann folgt das große Staunen, daß unsere Persönlichkeit soviel vielfältiger und farbiger ausgeprägt sein kann als bei den Jüngeren. Wie sollte das anders sein, schließlich haben wir ein paar Jahrzehnte mehr darauf verwandt, sie zusammenzusetzen. Dennoch traut man uns nicht zu, mit uns selbst zurecht zu kommen und allein für uns die Verantwortung zu tragen. Hartnäckig hält sich die Idee, wir bedürften der Anleitung. Die Vorstellung geht einfach nicht aus den

Köpfen heraus, wenn einer graue Haare hat, kann er nicht mehr allein entscheiden. Manchmal scheint mir die verkündete Hilfsbedürftigkeit weniger eine Alters- als eine deutsche Krankheit zu sein. Hierzulande vertraut man eben lieber obrigkeitlicher Fürsorge, als daß man uns selbständig handeln ließe. Da wir aber aus dem Glied entlassen sind, möge man uns auch das Strammstehen ersparen.

Angeblich müsse, weil wir Alten immer zahlreicher werden, eine aktivere Altenpolitik betrieben werden. Ach bitte, bitte bloß nicht! Das klingt zu sehr nach der Widerspenstigen Zähmung. Altenpolitik liefert nicht selten den Vorwand, die gesellschaftliche Nachhut staatlich zu bevormunden. Und wer will das schon, wenn er nicht gerade krank oder pflegebedürftig ist, was jedoch nur eine Minderheit betrifft. Besonders dort, wo Organisationen sich der Aufgabe annehmen, gerät die Betreuung auch bei bestem Willen leicht zur professionellen Entmündigung. Ihr Ideal liegt eben nach wie vor im perfekten Funktionieren. Da vertauschen sich dann rasch Ursache und Wirkung. Regeln können auch lähmen. Wenn er ständig bevormundet wird, verkümmert der Mensch. Dazu braucht er nicht einmal alt zu werden. Ist er es aber schon, muß er weiterhin mit Risiken leben dürfen. Wie sollte er sonst das Gefühl behalten, noch lebendig zu sein.

Ich bin für Anregungen dankbar und nehme gern

begrenzte Hilfen an. Aber deshalb muß ich mich nicht von außen dirigieren lassen. Wie die meisten Menschen in meinem Alter habe ich meine fünf Sinne noch ganz gut beieinander. Auch wenn wir das Rentenalter schon lange erreicht haben, wissen wir ja noch, was wir tun. Selbst wenn wir am Stock gehen, im Rollstuhl sitzen oder bettlägerig sind, ist das kein Grund, uns zu entmündigen. Weder mein Körper noch mein Grips haben verlernt, ihre Selbstheilungskräfte in Gang zu setzen. Deshalb erlaube ich mir, allein zu beurteilen, was gut für mich ist, oder frage eigens von mir ausgewählte Fachleute. Da ich es bin, die meine Fehler ausbaden muß, und ich die Konsequenzen trage, kann ich wohl auch im Alter mein Leben selbst in der Hand behalten.

Alles wäre einfacher und billiger, hülfe man uns, uns untereinander zu helfen. Aber wenn uns das möglich wäre, wozu wäre Altenpolitik dann gut? Deshalb stellt sie sich taub. Dabei wissen wir am besten, was Alte brauchen. Und ich gestehe Hilfewünsche auch viel lieber gegenüber Gleichaltrigen ein, als erst den Jungen alles langwierig zu erklären. Aber leider nimmt nichts den Menschen so in Anspruch wie die Folgen scheinbarer Verbesserungen, die Wohlmeinende für ihn in die Wege leiten. Doch ich verstehe schon, wir dürfen uns nicht zu selbstbestimmungsfähig und kompetent zeigen. Von unserer Hilfsbedürftigkeit hängen schließlich mehrere Berufsgruppen ab.

Nicht nur Geriater, Gerontologen und Altenpfleger, auch große Institutionen, ganze Abteilungen in Verbänden und Ministerien wären gefährdet, würden wir uns zu lebenstüchtig gebärden. Allein die Arbeitsplätze, die verloren gingen! Das können wir doch nicht wollen! Und wie es sich gehört, sind wir ja auch für die gutwilligen Bemühungen sehr dankbar. Wenn also alle die besorgten Betreuungsplaner endlich einsehen wollten, daß sie uns ganz genauso brauchen wie wir sie, dann werden wir schon eine gemeinsame Grundlage finden, um die Kostensteigerung der Altenpolitik weiter voranzutreiben. Unsere Altersbezüge steigen darum nicht. Aber der Staat und seine Vertreter brauchen eine teure Altenpolitik, um weiterhin sicherzugehen, daß sie es sind, die unsere Geschicke lenken.

Meine Geduld endet allerdings bei der fortwährenden Propaganda, fit, munter, frisch, schwungvoll, knusprig und vergnügt sein zu sollen. Ich habe nichts gegen diese Eigenschaften, bloß warum bekomme ich sie unentwegt als Trainingsplan verordnet? Nun gut, ich soll die Volkswirtschaft weniger kosten. Und den anderen einen beklemmenden Anblick ersparen. Muß ich mich darum aber ständig auf Trab halten und meine Zeit mit Übungsprogrammen ausfüllen? Kaum wage ich es zu sagen, aber aus Sport habe ich mir nie etwas gemacht. Und da soll ich ausgerechnet auf meine alten Tage den Charme von

Schweiß und Muskelkater entdecken? Na selbstverständlich, ein wenig Selbstzucht muß ich schon üben, ob beim Essen oder Trinken, bei Spaziergängen oder Gymnastik und ebenso beim Fernsehen. Man darf sich nicht hängen lassen, was übrigens zu keiner Lebenszeit ratsam ist.

Was ich aber bestimmt nicht will, ist pausenlos beschäftigt zu sein, nur um quick und vital zu wirken. Schon gar nicht, um anderen damit aus dem Wege zu sein. Also bitte verschont mich mit diesen aufmunternden Appellen zu fröhlicher Regsamkeit. Ich will auch meiner Müdigkeit nachgeben dürfen, denn es ist wohl ein hohes menschliches Recht, nach getaner Arbeit müde zu sein. Und es gehört zu meiner Alterswürde, meine Lebensweise selbständig zu regulieren. So wie es eines Tages dazugehören kann, selbst zu entscheiden, ob der Altersprozeß durch Gensteuerung aufgehalten werden soll oder ob das Walten der Natur freien Lauf behält.

Nun will ich um alles in der Welt nicht ungerecht sein. Sicher sind sie gut gemeint, die vielen Angebote, sich jung und flott zu halten, Gesundheit und Lebensfreude zu bewahren. Aber Jungsein ist kein Selbstzweck, wir müssen dem nicht nachjagen. Wir sind lebendige Alte und keine konservierten Youngsters. Ich will keinem dreinreden, dessen großes Ideal die Jugend ist. Wozu jedoch bekommen wir ein langes Leben geschenkt, wenn wir sein Ende verleugnen? Mich machen Alte nicht depressiv, nur immer wieder schrecklich neugierig, wie sie es denn packen. Nur nicht nachlassen, heißt es, immer schön bei der Stange bleiben! Wir ahmen das manchmal nach, wenn wir uns fürchten, als Versager zu gelten. Indessen, gibt es etwas Trostloseres als solch ein zum Jugendlichen hochgetakelter alter Mensch?

Unsere Lebensform nach den Verdrängungsstrategien der Jüngeren auszurichten, das haben wir nicht nötig. Wenn es gestattet ist: Ich möchte gar nicht mehr jung sein und mich auch nicht mehr so fühlen. Das Leben hat mich gebeutelt, und es hat mich beschenkt. Beides will ich nicht verlieren. Es ist im ganzen gut zu mir gewesen, denn es hat mir nicht mehr auferlegt, als ich tragen konnte. Diese Erfahrung will ich mir nicht nehmen lassen durch das Streben nach jugendlichem Unberührtsein. Schließlich bin ich froh, den ganzen Sturm und Drang hinter mir zu haben. Ich muß ohnehin zuweilen mehr leisten als die Alten früherer Generationen. Zu deren Zeiten änderte sich von der Wiege bis zur Bahre nicht viel an den Lebensbedingungen. Wir hingegen müssen immerfort umdenken, beständig dazulernen und uns pausenlos auf Neues einstellen.

Immer jung bleiben, immer voll in Gang, warum denn? Damit das Idol Jugend erhalten bleibt? Oder damit ich nicht zum Nachdenken komme? Was ist bloß so verdammenswert daran, wenn ich hie und da ein wenig lässiger werde? Müßiggang ist aller Laster Anfang, das mag für die Dreißigjährigen gelten. Aber nicht mehr für mich. Die längste Wegstrecke liegt bereits hinter mir. Ich freue mich des erreichten Stadiums und lache mir ob der überflüssigen Jugendplackerei doch höchstens noch ins Fäustchen. Nur sich nicht immer Schuldgefühle einreden lassen, das sollten wir allmählich lernen. Wann spricht es sich endlich herum, daß Jugendkult, Gesundheitswahn, Fitneßrummel, Sexterror und Popkultur inzwischen vielen Menschen gründlich zuwider ist? Unerfahrenheit und Ignoranz sind durchaus nicht für jedermann anbetungswürdig.

Manchmal scheint es, daß man mit uns nicht viel anders als mit den Ausländern verfährt. Alleweil wird uns verkündet, wir sollen aktiv teilnehmen, sollen von uns aus dazu beitragen, daß wir integriert werden. Teilweise ist das sicher berechtigt. Aber eben nur teilweise. Denn stets ist auch Anpassung damit gemeint. Wir denken, leben und fühlen nun einmal anders als die Jungen, und das soll man uns doch auch zugestehen. Selbst wenn ich noch immer neugierig bin, wie es weitergeht, hänge ich doch an vielem, was gewesen ist. Ich unterhalte mich gern mit den Jungen, gleichwohl fühle ich mich unter Alten wohl. Nette, verrückte, miese und hinreißende Typen gibt es in allen Altersstufen. Liege ich nun so schief, wenn ich die tollen 80jährigen besonders liebenswert finde?

Ja, das sehen Sie ganz richtig, ich möchte eine Lanze für die Stillen im Lande brechen. Warum soll den Schauenden nicht gestattet sein, nur zu schauen, den Besinnlichen zu sinnen, den Schweigenden zu schweigen. Laßt doch die Grübler grübeln oder die Müßigen müßig sein. Sollten sie nicht die Ruhe genießen dürfen, die ihnen die späten Jahre schenken? Es kann ja nicht nur neue Alte, es muß auch noch alte Alte geben. Wieso müssen diejenigen Aktivität vortäuschen, die ein Bedürfnis nach Abendstille verspüren. Wir werden ja geradezu zwanghaft fortwährend zu Abwechslung und Betriebsamkeit animiert, bloß weil wir eine bestimmte Altersgrenze überschritten haben. Mir bringt jeder Tag neue Anforderungen, dennoch kann ich mir sehr gut vorstellen, das Leben in Gleichmut ausklingen zu lassen. Unser Maß an produktiver Lebensführung ist voll. Als Alte dürfen wir unbehelligt die Dinge tun, die wir bekömmlich für uns halten.

Was soll denn bloß heißen, der Ruhestand sei nicht zum Ausruhen da? Ich kann ja interessiert und informiert, orientiert und integriert, animiert und sonstwie versiert sein, dennoch bleiben Ruhe und Durchatmen unerläßlich. Nicht nur, weil manch einer sich schonungsbedürftig fühlen mag, vielmehr, weil wir die letzte Wegstrecke gehen. Wie wir auch immer dem Ende entgegentreten wollen, es sollte bedachtsam geschehen. Dazu bedarf es der Sammlung.

Wer zurückgezogen leben will, dem soll man doch seinen Frieden gönnen. Die Zeit für die größeren Zusammenhänge ist gekommen. Da können wir auf Geschäftlhuberei verzichten.

Ich kenne Alte, die rücken ihren nachlassenden Kräften handelnd zu Leibe. Sie wecken enorme Reserven, um als leistungsfähig zu gelten. Und ich kenne Alte, die richten sich mit ihrer Minderung ein und nehmen sie als natürlich hin. Wer wollte entscheiden, welche richtiger handeln. »Wer rastet, der rostet«, diese Botschaft könnte eigentlich aus unseren modernen Zeitraffertagen stammen. Sie ist aber nicht zufällig alt und taugt nicht mehr für uns Alte. Unsere einzige Gemeinsamkeit ist das fortgeschrittene Alter. Was sollen uns also die pauschalen Sprüche? Mit unseren unterschiedlichen Lebensläufen und Lebenssituationen ist unsere Verschiedenheit so groß, wie Gottes Tiergarten eben groß ist.

Ob wir wohl je dem Alter entwachsen, in dem ständig versucht wird, uns in ein einheitliches Korsett zu pressen? Wer rasten möchte, soll rasten können. Büßt er damit Fähigkeiten ein und wandert früher dem Grabe zu, wen geht das etwas an außer ihn allein? Die einen schöpfen sich aus, andere versuchen in der Stille Klarheit für sich zu finden. Solange sie mit ihrer Entscheidung zufrieden sind, haben beide Seiten recht daran getan. Ob beschaulich oder aktiv, ob spontan oder geregelt, ob sicher oder risikofreudig, es ist alles noch immer möglich. Nein, es gibt sie nicht, die beste Art, als alter Mensch zu leben. Jede Art ist gut, die denen, die sie befolgen, gut tut.

Oder gibt es etwa doch eine besonders bekömmliche Art? Etliche Grauköpfe – und es sind nicht wenige – haben etwas entdeckt. Sie nutzen ihre Möglichkeiten, gegen den Strich zu leben, verlassen gewohnte Bahnen, durchbrechen Schablonen – kurz, sie präsentieren sich widerständig. Und so soll es auch sein, so wahr wir uns selber helfen. Wo immer wir von der Gemeinschaft abgehängt sind, müssen wir uns auch nicht mehr gefügig zeigen. So alt kann man gar nicht werden, daß es sich nicht noch lohnt, wider den Stachel zu löcken. Haben wir es uns nach so vielen Lebensjahren nicht verdient, zu uns zu stehen? Wir brauchen uns ja nur von den Jungen abzugucken, wie die es schaffen, sich durchzusetzen. Was haben wir denn zu befürchten? Vorwärts also, folgen wir den klugen Alten, die sich gleichsam strecken und ihre Unbotmäßigkeit erproben. Sie führen uns sichtbar ihre Lebenskraft vor. Brechts »Unwürdige Greisin« hat viele Töchter und Söhne bekommen.

Als ich noch um die fünfzig war, wollte ich eine von diesen gütigen, milden und verständnisvollen Greisinnen werden, zu denen die ratlosen Jungen gerne kommen. Glücklicherweise überlebt man mit den Jahren die meisten Klischees. Heute denke ich eher, laßt mich störrisch sein, widerborstig und kantig, damit mir der Wind um die Nase weht und ich weiter wachsen und mich entfalten kann. Das Alter ist viel zu wertvoll, um es ausschließlich als Lebensneige abzutun. Bei aller Einsicht will ich nicht abgeklärt sein und warum eigentlich unauffällig? Angeblich deckt sich alt sein mit ich-bezogen und starrsinnig sein. Als ob das vorher anders gewesen wäre! Wir sind doch alle ein Leben lang ziemlich dickköpfig und auf uns selbst bezogen.

Wäre ich nicht auch halsstarrig, sähe der praktische Alltag schlimm aus. Da brauche ich nur an die abwärtsfahrenden Rolltreppen zu denken. Dieses gräßliche Gefühl, das mich beschleicht, wenn ich die Stufen nicht erkenne und meine Füße zögernd über die Metallkante streichen. Hinter mir staut sich die Menge. Und ich weiß wohl, sie denken, soll doch die Alte zu Hause bleiben, wenn sie nicht laufen kann, die hält doch nur den Verkehr auf. Nur mit Selbstbewußtsein ist es dann nicht mehr getan. Da muß ich schon aufsässig sein können, und sei es nur in Gedanken. Es ist wie in frühen Kindertagen. Zeige ich mich nicht ungebärdig, nehmen mich die anderen nicht wahr.

Ganz ähnlich geht es uns mit unserer Sexualität. Den Jungen scheint sie anstößig, möchten sie uns doch gerne als abgestorben betrachten. Wie kommen sie nur darauf, wir seien geschlechtslose Wesen, die allenfalls noch gemeinsam Kaffee trinken? Verwechseln sie da nicht ein bißchen die Werbung mit dem Leben?

Für uns gibt es viele Gelegenheiten, aus der Rolle zu fallen. Immer halten wir irgendwie den Verkehr auf. Man kann es förmlich spüren, wie peinlich wir manchmal für unsere Umgebung sind. Ob diese Umgebung auch merkt, wie peinlich mir ihre Spießerattitüde ist? Aber ich denke mir, sie werden sich schon noch daran gewöhnen, unsere lieben Mitmenschen, mit ihren aus der Reihe tanzenden Alten umzugehen.

Wie giftig es gleich zugeht, verstoße ich gegen die Normalität. Als ob sie so erstrebenswert wäre! Ich kann es ertragen, als absonderlich oder schrullig zu gelten. Oder richtiger, ich lebe damit sogar sehr gut. Wenn gemeint ist, ich bin meiner selbst so sicher, daß ich ohne Zögern meine Eigenarten zeige, dann mag das Etikett sogar stimmen. Notfalls läßt es sich auch als Waffe einsetzen, absonderlich zu sein. Da ich, die Alte, ohnehin als trottelig gelte, erlaube ich mir, auch die Vorteile davon wahrzunehmen und fordere Rücksicht für meine Eigenbrötelei. Kaum zu glauben, wieviel Freiraum mir das verschafft. Ein schlechter Ruf entlastet ungeheuer. Und wer mir meine Würde nicht zugesteht, muß eben zusehen, wieviel Spaß es mir macht, unwürdig zu leben. Wohlgemut mache ich darauf aufmerksam: Ich altere, also bin ich.

SO VIEL ENDE WAR NIE

oder das Gerede über die Verlassenheit

Alterszeit ist Frauenzeit. Sie treten zahlreicher auf, werden älter, bleiben meist körperlich länger gesund und können den neuen Lebensabschnitt besser ausfüllen. Fast kommt es mir vor, als sei die übergroße Wertschätzung der Jugend vom Patriarchat erfunden. Denn im Alter sind die Frauen die Gewinnerinnen. Endlich herrscht Gleichberechtigung. Auch die Männer sind nun beiseite gestellt. Was sie vorher begünstigt hat, gereicht ihnen nun zum Nachteil. Ihr Selbstwertgefühl nährte sich vorwiegend aus der beruflichen Tätigkeit. Fällt diese weg, bleibt meist nicht viel von ihnen übrig. Und die Siegerpose verblaßt ohnehin mit den Jahren. Wir Frauen führen ein viel runderes und weniger kopflastiges Leben. Weshalb wir auch mehr Substanz in unser Alter herüberretten. »Bruder Innerlich«, der wichtigste Altersgefährte, ist für den Mann ein Fremder, während die

»Schwester Innerlich« als alte Vertraute daher-
kommt. Männer, pflegte meine Großmutter zu sagen, sind gut für den Kopf und für die Nacht, doch
Frauen braucht man für das ganze Dasein. Aber sie
war auch schon eine sehr eigenwillige Frau, meine
Großmutter.

Alleinlebende alte Frauen unternehmen vieles gemeinsam, aber Männer werden dazu kaum eingela-
den. Sie hinterlassen in lebenserfahrenen weiblichen
Augen hauptsächlich Arbeit, machen zu viel
Schmutz und wollen ständig bedient werden. Da hat
sich etwas verändert. In früheren Zeiten überlebte
der Mann häufig nicht nur eine, sondern mehrere
Ehefrauen. Sie starben oft noch jung im Kindbett.
Den alternden Witwer umsorgten dann bereitwillig
unverheiratete Verwandte. Stirbt heutzutage im Alter
die Ehefrau, bleibt nur die Pflegestelle oder eine Hei-
ratsannonce. Durch die schimmert dann die alte Ber-
liner Weisheit: »Sie kocht Dir, sie wäscht Dir, und
wenn Du besoffen bist, weiß Du, wo Du hin-
gehörst.«

Ob das die ausgleichende Gerechtigkeit dafür ist,
daß Frauen lebenslänglich doppelt schuften müssen?
Gleichviel, Familie und Haushalt füllen den Lebensabend vieler Frauen aus. Und wie lang wird die Zeit
für die alten Herren auf den Parkbänken! Doch nur
wenige Männer bleiben im Alter allein zurück. Nach
einer amerikanischen Langzeitstudie sterben unver-

heiratete Männer um die fünfzig in den folgenden zehn Jahren mit doppelt so hoher Wahrscheinlichkeit wie verheiratete. Und die Ehemänner können mit einer um sieben Jahre höher liegenden Lebenserwartung ihrer Frauen rechnen.

Umgekehrt blühen Frauen gar nicht so selten regelrecht auf, wenn sie allein zurückbleiben. Lediglich die über achtzig Jahre alten mußten oft mühsam lernen, allein für sich selbst zu leben, nicht mehr auf Mann oder Kinder bezogen. Darauf hatte ihr Leben sie nicht vorbereitet. Sie waren gewohnt, ihre Interessen hintanzustellen, sich aufzuopfern und anzupassen. Um so erstaunlicher, wie viele von ihnen die Welt noch einmal neu entdeckten. Wenn sie erkennen, daß ihnen nur noch eine begrenzte Zeit gegeben ist, werden Frauen oft gewahr, wieviel Verzicht ihnen ihre passive Rolle auferlegt hat. Dann beginnen sie vielfach, zielstrebig ihr eigenes Leben zu leben. Ach, was sind das für hinreißende Gestalten, diese unwiderstehlichen Alterskünstlerinnen! Ich bezweifle, daß sie auch schon in ihrer Jugend die Herzen derart im Sturm erobern konnten.

Meine Leser mögen mir verzeihen, aber ich halte es für eine grandiose Zugabe des Alters, nun hauptsächlich auf Frauen zu treffen. Schon, weil so viele von ihnen Querdenkerinnen sind. Und weil sie sich so lebendig erhalten. Uns Anfängerinnen unter den Ruheständlern fällt überhaupt vieles leichter als unseren Vorgängerinnen. Wir sind darin geübt, selbständig zu handeln, uns durchzusetzen und frei für uns zu entscheiden. Wir glauben auch nicht mehr, daß es unbedingt erstrebenswert sei, mit einem Partner zusammenzuleben. Wir sind uns tragfähig genug. Längst habe ich gelernt, mich nicht dem Weiblichkeitsbild zu unterwerfen, das Männer und Medien zu fördern belieben. Mithin war es durchaus kein Schock für mich, ohne Sexappeal auszukommen. Der schwand sowieso schon dahin, als ich begann, im Mann den gleichgestellten Partner zu sehen. Wir wirken ja keineswegs nur anziehend aufgrund unserer Person. Wir sind anziehend wegen unserer Bereitschaft, zum Mann aufzusehen und ihn zu bewundern.

Dafür, denke ich, haben wir aber selbst zu viel geleistet. Und Umstellungen haben wir wahrlich genug mitgemacht. Das Leben meiner Generation war doch ein ständiges »raus aus den Kartoffeln, rein in die Kartoffeln«. Erst als Zukunft der Nation verhätschelt, dann die Jungmädchennächte mit Bomben zugeschüttet. Erzogen wurden wir unter Mutterkreuzidealen, später ging es dann ab in die Munitionsfabriken. Ein Weilchen drauf waren wir sowohl Ernährerinnen als auch Erzieherinnen der Kinder. Wenn wir nicht gerade den Schutt wegschafften, um uns bald danach im Petticoat am Nierentisch als dankbares Frauchen wiederzufinden. Und sparen haben wir gelernt, aber wie! Ganz gleich, ob es um Finanzen oder ums Essen ging. Hernach mußten wir lernen zu verschwenden und auch das nicht zu knapp. Das hieß dann wiederum die Ärmel hochkrempeln und tüchtig mitverdienen. So kommt man zu Lebenserfahrung! Brauchen wir uns also noch vor irgend etwas zu fürchten? Nein, dafür sind wir für Veränderungen zu gut gerüstet. Und das Alter belohnt ja auch vielfach.

Der Nachteil der Vorteile des Alters ist, sie klingen ziemlich banal. Wer sie nicht kennt, kann kaum ermessen, wie großartig sie sind. Ich nenne das dritte große Geschenk des Alters neben der Gelassenheit und der Freiheit mein Millionärsreservat. Oder können wir Alten uns vielleicht nicht den größten Luxus des heutigen Daseins leisten, nämlich Zeit zu haben. Allein um sie zu wissen, vertieft bereits das Lebensgefühl. Jahrzehntelang nahm ich Zeit gar nicht wahr, weil sie immerzu ausgefüllt werden mußte. Jetzt erlebe ich mein Alter als die Zeit, die ich noch vor mir habe. Zum Abschluß muß ich nun nicht mehr von Termin zu Termin hetzen. Ich kann Dinge anpacken, die mich freuen, auch wenn sie viel Zeit kosten. Ich muß mich nicht mehr leben lassen, sondern kann selber leben. Das bedeutet mehr, als nur spät aufzustehen, in Ruhe Zeitung zu lesen oder die Dinge dann zu erledigen, wann es uns gefällt.

Zeit zu haben, das öffnet die Augen für die Umgebung, für Menschen und Ereignisse. In der industrialisierten Welt ist Zeit, mit der kein Geld verdient wird, nutzlos. Wir Alten vermögen ihren Nutzen zu entdecken. Ohne Terminkalender kann ich mein Gegenüber, sei es ein Mensch oder ein Baum, zu seinen Bedingungen statt zu meinen annehmen. Ich gehe offener auf ihn zu, ohne sofort zu urteilen und zu werten. Und ich brauche das Anrecht nicht preiszugeben, wie ein Mensch zu reagieren. Zeit ist nicht Geld. Sie ist unendlich viel kostbarer. Über sie bewußt zu verfügen, scheint mir ein Teil der Menschwerdung. Ich sehe genauer, nehme ruhiger auf, ordne gelassener ein. Zugestaute Straßen, überlastete Kommunikationsleitungen und verstopfte Lufträume werden auch die anderen bald zum Anhalten zwingen. Wir Alten sind ihnen da schon ein Stück voraus. Wir kosten die Zeit aus, ohne uns eingeschränkt zu fühlen.

Zeitliche Fülle im Gespräch mit Altersgenossen, wie ich das genieße! Die zielgerichteten Unterredungen und die ökonomische Sprechweise überlassen wir nun lieber den Jüngeren. Es ist eine Lust, wenn wir in Erinnerungen schwelgen, weder an Zweck noch Ziel denken, nur dem Erzählen folgen. Dabei wird so viel Innenwelt lebendig! Ich weiß schon, wir reden manchmal etwas kraus. Und wir schweifen auch gerne ab. All das Leben, das wir in unserem Kopf gespeichert haben, das kommt nicht immer vorschriftsmäßig geordnet heraus. Na wenn schon, wir setzen die Gedanken auf unsere Art. Daran werden sich die Jüngeren gewöhnen müssen. Sie schwärmen gerne von der beschaulichen Zeit und wollen Geschichten von meinen Großeltern hören. Reagiere ich aber nicht schnell genug, werden sie ungeduldig. Ziehe ich eine Schleife, weil da noch etwas erzählt sein will, hören sie nicht mehr zu. Erst wollen sie eine geruhsame Alte, dann versuchen sie, mir ihren hopp-hopp-Stil aufzuzwingen. Wenn ich das schaffe, sind sie wiederum enttäuscht, weil sie das nicht altertümlich finden. Es ist nicht so einfach, immer passend alt zu sein.

Jetzt aber vorsichtig, zu leichtfertig darf es nicht zugehen. Die Zeit gehört mir? Sie läuft mir doch auch weg. Und es will mir vorkommen, als ob sie das immer schneller täte. Es gibt mancherlei Zeit, Uhrzeit und Eigenzeit, gemessene und gelebte Zeit, Zeit des Verharrens und Zeit des Fortgangs. In dieser Spannung muß ich mich einrichten. Ich kann frei über die Zeit verfügen, aber sie fordert mich zugleich auf, sie auch zu nutzen. Wie ist das denn mit den Tagen, an denen einem das Alter eben doch zu schaffen macht? Am liebsten würde man überhaupt nicht aufstehen. Der Tag scheint es ohnehin nicht zu lohnen. Aber das lasse ich nicht einreißen. Sonst brauche ich mich nicht zu wundern, wenn es bald überall bröckelt. Ein bißchen Planung muß schon sein. Und ein bißchen Rückgrat auch. Ein geordnetes Zeitschema ist schon deshalb nötig, damit ich mal über die Stränge schlagen kann. Selbstdisziplin ist notwendig, aber ausbüchsen ist eine Wonne. Zeit richtig zu verwenden, verlangt ja nicht streng, sondern nur sorgfältig mit ihr umzugehen.

Sorgfältig, das bedeutet für mich, nicht allzuviel Unnützes und Oberflächliches zu unternehmen. Die Zeit dafür geht mir ja vom Leben ab. Es gilt als oberstes Gebot, seine Zeit nutzbringend zu verwenden und stets tätig zu sein. Indessen wer weiß, vielleicht ist die Zeit am sinnvollsten verbracht, in der wir gar nichts Sichtbares tun und nur ein wenig nach unserer Seele suchen. Vielerlei Zeit, das ist auch geschenkte und verschenkte Zeit, unendlich weite und gedrängte Zeit. Die Zeit ist kürzer, als ich vorher dachte, weil ich zu wenig darauf achtete, wie begrenzt sie ist. Und ich werde noch viel von ihr brauchen, um mich vorzubereiten auf das letzte große Erleben, das wir immerfort verdrängen.

Selbstverständlich halte ich mit offenen Augen den Kontakt nach draußen. Gleichwohl ist mir auch wichtig, die Augen schließen zu können und nach innen zu schauen. Es brandet wahrlich genug Außenwelt in uns hinein. Da tut es gut, auch einmal ruhigen Atem zu spüren. Denn Zeit ist auch ihr Gegenteil. Was ist mein Dasein anderes als ein Lidschlag in den Lichtjahren der Unendlichkeit. Diese Vorstellung vernichtet mich nicht, sie tröstet mich eher. Auch wenn die Frage nach dem Sinn des Daseins für mich bis zuletzt offen bleiben sollte, suche ich doch die Verbindung zu etwas, das nicht nur der Zeit angehört, sondern einem immerwährenden Dasein.

Unter den vielen Gesichtern der Zeit soll es sie auch geben, die stillstehende, langwerdende Zeit, Leere genannt. Paß auf, bekam ich an der Altersgrenze von überall her zu hören, spätestens nach einem Jahr stellt sich die Leere ein. Ich habe, warum sollte ich das verschweigen, mich nicht wenig vor ihr gefürchtet. Gleichzeitig war ich neugierig auf sie. Wie ist sie, was ist sie, kann man sie aushalten? Der Abschied vom Beruf und der gewohnten Umgebung liegt nun schon etliche Jahre zurück. Seither warte ich. Ich warte, wenn der November grau und unfreundlich lastet. Ich warte, wenn tagelang weder Telefon noch Türklingel läuten. Ich warte, wenn Post ausbleibt oder ich nachts länger als gewollt wachliege. Irgendein hinteres Hirnkästchen wartet eigentlich immer. Aber so viel ich auch warte, sie will und will sich nicht einstellen, diese Leere. Mag sein, daß sie noch kommt. Doch vorerst kommt mir der Verdacht, sie hängt nicht vom Ruhestand ab. Ich möchte wahrhaftig nicht überheblich sein, doch manchmal vermute ich, die Leere steckt in der Unrast. Oder anders gesagt, diese Leere gibt es nicht, es sei denn, wir produzieren sie selbst.

Ich glaube, es ist einfach nicht wahr, daß der

Mensch im vergrößerten Abstand zu anderen zu frieren beginnt. Es ist schön, zu dieser Welt zu gehören. Und es ist aufregend, mit an ihr herumzubasteln. Es ist aber genau so schön, sich zurückzuziehen und auf das Sein statt auf das Tun zu lauschen. In der Abgeschiedenheit verändert sich nicht nur die äußere Lebensweise. Man ändert sich vor allem innerlich. Aber es stimmt nicht, daß man dabei verhärtet oder ärmer wird. Auch die Gemeinschaft nimmt sich gern zu wichtig, nicht nur der einzelne. Das Geheimnis liegt wohl darin, jede Lebensform annehmen zu können. Nicht, daß mir das immer gelänge. Noch lerne ich ja. Und ich stoße mich oft genug wund. Das kann ich aber nicht dem Alter, das muß ich dem Leben schlechthin zurechnen.

Ebenso geht es mit dem Alleinsein. Ihm entspringt die große Furcht vor dem Alter. Wobei das Alter mal wieder nur deshalb schlecht wegkommt, weil sich Menschen eher vor dem fürchten, was sie nicht können, als davor, was sie können. Allein zu sein, das glaubt keiner zu können. Dabei kann man es lernen. Sogar gut. Die Suppe ist weder so heiß noch so unverdaulich, wie sie von denen gekocht wird, die über die Trostlosigkeit des Lebensabends schwätzen. Alleinsein ist keineswegs immer schrecklich. Es gibt auch das Bedürfnis nach Distanz. Zuweilen ist es notwendig, sich zu sammeln und nach innen zu hören. Ein andermal bietet es Schutz oder läßt neue

Kräfte schöpfen. Schon als Kind war ich gern allein und verspürte durch das ganze Leben immer wieder ein Bedürfnis danach. Gleichwohl weiß ich, welchen Unterschied es ausmacht, allein sein zu wollen oder allein gelassen zu werden.

Viele Alte kommen inzwischen recht gut damit zurecht, allein zu leben. Dennoch fehlen große, positive Leitbilder. Doch finde ich das gar nicht so schlecht. Bin ich nur auf mich gestellt, mobilisiere ich auch alle meine Kräfte. Natürlich verläuft nicht alles ohne Schwierigkeiten. Doch die gab es schließlich ein Leben lang. Es ist gewiß nicht beschwerlicher, allein zu sein als gleichzeitig mit kleinen Kindern, Ehe, Beruf und Haushalt fertig zu werden. Nur die Vergangenheit, die vergolden wir eben gern. Zugegeben, zwischendurch ist es immer wieder scheußlich. Dieses unwillige Aufwachen, der langweilige Vormittag, ein tristes Mittagessen, verlorene Stunden, ein bitterer Abend, ich will da nichts verwischen. Aber ich will auch nicht jammern. Mag sein, ein Stückchen Kälte bleibt immer zurück. Bloß wie viele Menschen hatte ich denn früher, bei denen ich mich ausweinen konnte? Und wo steht geschrieben, daß man alles geschenkt bekommt? Da ich noch am Leben bin, stellt es mir noch Aufgaben. Alleinsein kann eine von ihnen sein.

Allein zu sein gelingt vielleicht nicht auf Anhieb. Doch es öffnet auch neue Räume, und es hilft, den eigenen Rhythmus kennenzulernen. Und eines Tages glaubt man wieder daran, daß der Tag gut wird. Man spürt wieder Bewegung. Auch die Neugier auf morgen kommt zurück. Warum sich nicht auch Hilfsmittel zubilligen. Wem sind wir denn zu Heldentaten verpflichtet? Kreuzworträtsel, Karten- und andere Spiele erkläre ich zwar zu Konzentrationshilfen, doch sie machen auch Spaß. Und ich puzzle so begeistert, daß ich nicht einmal nach einer Entschuldigung dafür suche. Selbst das Fernsehen läuft öfter als früher. Warum sollte es auch nicht? Ich brauche ja nicht mehr zu befürchten, dem richtig falschen Leben der Flimmerkiste aufzusitzen. Das zuweilen falsche richtige Leben sitzt ja bereits wohlverwahrt in meinem ureigensten Kasten. Somit darf mir Fernsehen ein Tröster sein. Unterhaltsam und lehrreich ist es ja gelegentlich auch. Ich weiß ohnehin nicht, warum ich meine Schwächen verschämt verschweigen soll. Alle haben sie doch. Und es macht schon den halben Reiz aus, zur großen Gemeinde dieser oder jener Sendung zu gehören.

Allerdings, das reine Vergnügen ist es auch nicht mehr, seitdem die Anstalten wieder die Zielgruppenprogramme pflegen. Jetzt hänge ich nicht mehr am gemeinschaftlichen Nervenstrang. Ich gehöre nun zur Gruppe des »höheren Erwachsenenalters«. Wen wundert es bei solch einem dümmlichen Verschleierungswort, daß ich viel öfter die Abschalttaste drücke. Mit dem Wort »Zielgruppe« wird wiederum bekräftigt, wir seien anders. Sie baut selbst da noch Mauern auf, wo bisher keine standen. Zwar sind wir unleugbar älter als die übrige Bevölkerung, deshalb schwärmen wir aber noch lange nicht für schlichte Machart und Langeweile, wie das manche Altensendung anzunehmen scheint. Zugegeben, es werden sich nicht viele aus unseren Jahrgängen finden, die hingebungsvoll Rockkonzerten lauschen. Doch gilt das genauso für die 40- und 50jährigen. Auch daß ich nicht alles verstehe, unterscheidet mich kaum von Normalverbrauchern. Trotzdem harre ich bei aktuellen Informationen aus. Könnten sich nicht geradeso die Jüngeren für Programme über das Alter interessieren? Wem würde es schaden, erführe er in der Abendsendung, wie es z.B. in einer Altenwohngemeinschaft aussieht? Schließlich werden alle Zuschauer einmal älter. Warum muß also eine Altensendung nur für Grauköpfe ansehbar sein? Wie schon oft gehabt, wohlmeinend, aber trist.

Wir wissen, wir können zwar tüchtig und unverzagt sein, dennoch können wir uns nicht vor allen Fährnissen schützen. Sich nicht mehr selbst versorgen zu können oder gar pflegebedürftig zu werden, bleibt eine immerwährende Sorge. Will ich nicht dem Machbarkeitswahn des technischen Übermuts verfallen, muß ich mich mit meiner Gefährdung als verletzlicher Mensch bescheiden. Zum Glück wächst gegen diese, sozusagen praktische Angst, inzwischen manch hilfreiches Kraut. Immer mehr private und freundschaftliche Lösungen finden sich, um in Bedarfsfällen auszuhelfen. Nicht selten springen rüstige Alte ihren hilfsbedürftigen Altersgenossen bei. Notrufeinrichtungen sichern zudem gegen die Fälle, in denen uns plötzlich etwas zustößt. Sie alle kosten Geld, zuweilen sogar sehr viel, dennoch wollen immer mehr Alte alleine wohnen. Knapp die Hälfte der über 75jährigen zieht es vor, selbständig zu leben, und bei den 80-100jährigen sind es immer noch 30 %. Kann man dem Gerücht von den hilflosen Alterchen klarer widersprechen? Und der Trend wächst noch weiter, denn die neue Generation der Alten möchte unabhängig von ihren Kindern leben.

Der Umgang mit den eigenen Sprößlingen ist auch nicht immer ganz leicht. Schon deshalb, weil sie noch so viel robuster sind als ich. Und sie lassen einem keinen Augenblick die Illusion, man habe auch nur die geringste Kleinigkeit in seinem Leben richtig gemacht. Aber ich wollte sie ja unbedingt zu kritischen Menschen erziehen. Schwerer wiegt noch das Gefühl, die Kinder nehmen mir übel, daß ich nicht an ihrem Rockzipfel hänge. Sie sähen mich gern etwas schwächer. Auch das kann ich ihnen nachfühlen. Denn, was ich auch anstelle, ich bleibe immer diejenige für sie, die sie mit vielen Ermahnungen großgezogen hat. Verständlicherweise schätzen sie diese Erinnerung nicht. Obendrein sehr zu Recht. Noch immer schimmern für mich die kleinen Knirpse auch durch ihre heutige Gestalt. Diese Anmaßung, die wir für unsere Töchter und Söhne verkörpern, verschwindet wohl erst, wenn wir nicht mehr sind.

Natürlich gefällt mir nicht alles, was die Kinder so veranstalten. Sie sind eine andere Generation, die anders denkt und handelt als ich. Da bleibt hin und wieder nichts übrig, als nur den Mund zu halten. Ich möchte sie nicht kränken, aber ich möchte auch keine Zustimmung heucheln. Ach, daß es doch so furchtbar schwerfällt, sich nicht einzumischen! Wo ich das doch generell für eine wichtige Tätigkeit halte. Und ich werde auch den Drang nicht los, meinen Kindern zu helfen. Indessen, mit der eigenen Brut muß man zuweilen vorsichtiger umgehen als mit fremden Menschen. Bei den Enkeln ist alles viel einfacher. Denen will ich auch nicht mehr meine Normen beibringen. Ich genieße doch gerade, die Welt mit ihren Augen ganz neu anzusehen. Nicht umsonst stehen Großmütter höher im Kurs als Mütter.

Loslassen können, die unabdingbare Alterskunst, wo wäre sie wichtiger als gegenüber unseren Kindern? Selbst dann bleiben die Gefühle noch zwiespältig. Weil ich selbst Tochter war, kann ich ihre Empfindungen nachvollziehen, sie aber nicht meine. Wer also nimmt Rücksicht? Mühsam genug vergaß ich meine Vorstellungen, wie Kinder sein müßten.

Ich liebte sie als diejenigen, die sie tatsächlich waren, ohne jede Leistung ihrerseits. Als Erwachsene aber möchten sie gerade wegen ihrer Leistung oder etwas selbst Erworbenen geliebt und bewundert werden. Ich wandle da auf einem schmalen Grat. Er wird auch nicht breiter, seit ich, als Alte, zu den einfachen, klaren Gefühlen zurückkehre. Sie aber sind noch im Strudel des verworrenen Fühlens jüngerer Menschen befangen. Stolpersteine über Stolpersteine.

Alles wäre einfacher, dürften auch wir Eltern dann und wann die »Unartigen« sein. Statt dessen spiele ich immer den beherrschten, verständnisvollen Part, bin immer begütigend und gleiche aus. Sonst gebe ich schon mal meinen Stimmungen nach. Bei meinen Kindern gestatte ich mir das nie. Irgendwer muß uns da etwas Falsches beigebracht haben. Just das nervt mich nämlich, und es macht mich müde. Also heißt es wiederum umlernen. Allein, welche Fortschritte ich auch immer mache, wie sehr wir uns auch gegenseitig vertrauen, es bleibt Hilflosigkeit ihnen gegenüber. Ich kann ihnen ja nichts mehr vermitteln. Sie sind schon ganz woanders, meine Erfahrung erreicht sie nicht mehr. Schlimmer noch, ich kann sie auch nicht mehr schützen. Habe ich sie überhaupt je vor etwas bewahren können? Wahrscheinlich nicht. Und wahrscheinlich war das nützlich für sie. Nur ich bin oftmals darüber ganz von Trauer überflutet. Aber Trauer begleitet nun einmal das Alter.

Die Kinder leben ihr eigenes Leben. Wie sollten sie auch nicht. Wir sind die Alten, auch für sie. Dann und wann schmerzt das, weil sie so lange mein Leben an das ihre gebunden haben. Dennoch kommen wir vorzüglich miteinander aus. Wir sind Vertraute, manchmal beinahe Freunde. Sind wir zusammen, ist es ein Fest. Trennen wir uns, bleibt Verbundenheit zurück. Auch wenn wir uns zeitweise seltener besuchen, ist die Beziehung stabil. Die Kinder wissen ja, ich fürchte mich nicht, abseits zu leben.

Nicht immer ist alles weise eingerichtet: Manche Fähigkeiten lassen nach, nur nicht die zu reden. Aber nun ist niemand mehr da, der zuhört. Wie soll man sich da von der Seele reden, was man erlebt. Also drehen sich Hunderte Gedankenfetzen im Kopf. Und auch das gehört zu den weniger heiteren Dingen: die sich ausdehnende Liste der toten Weggefährten. Sie werden dünner, die Reihen um uns, der Kreis zieht sich enger. Viele Abschiede sind schwer und manche ganz unverständlich. Einige scheinen ganz und gar unannehmbar, bis wir begreifen, daß sie uns tiefer zum Verstehen leiten, damit wir dem Abschied aller Abschiede begegnen können.

Das alles ist wahr. Und dennoch ist es nur ein Teil der Wahrheit. Und ein überflüssiges Klagelied dazu. Wollen wir uns denn gegen das Erleben wehren, nur weil es nicht mehr rosig glänzt? Schmeckt uns nur die Sahne, und mögen wir härtere Kost nicht beißen? Ja, erwarten wir denn gar nichts mehr von uns selbst? Wir sind ja nie allein. Immer ist Vergangenes und Künftiges um uns. Die Erinnerungen leuchten, und die Gedanken an morgen halten uns wach. Und kommen wir nicht der Wahrheit immer näher? Der Mensch ist allein ins Leben gestellt. Diese Einsicht unverdeckt zu durchdringen, kann ein luzider Zustand sein.

Allein leben muß nicht dasselbe sein wie sich allein fühlen. Das hängt oft davon ab, wie ich mit Menschen umgehen kann und wie interessiert ich mich ihnen gegenüber zeige. Es lohnt auch im Alter noch, Bekanntschaften zu suchen. Angeblich gelingt das nicht mehr. Alte Menschen könnten sich nicht mehr aneinander anpassen. Aber wir müssen ja nicht alles glauben. Auch das Gegenteil stimmt. Das Verständnis füreinander ist gewachsen. Und alte Menschen sind fast immer interessant. Unglaublich, was alles an Geschehen in ihnen zusammentrifft und wie eigenwillig sie ihre Erlebnisse verarbeiten! Solange Menschen jung sind, lassen sie unter ihrer Schutzmaske wenig von sich erkennen. Wir Alten geben uns viel bereitwilliger preis. Wir sind unserer selbst sicherer, und zu fürchten haben wir auch nichts mehr.

Es stimmt, wir sehnen uns alle danach, jemanden zu haben, von dem wir uns angenommen fühlen.

Aber machen wir uns nichts vor, auch die Zweisamkeit hat ihre Tücken. Es ist traurig, nichts mehr besprechen zu können, weil man allein lebt. Doch ist es nicht trügerisch, dies von der Gemeinsamkeit so sicher zu erwarten? Auch sie muß, wer hätte das gedacht, im Alter neu erprobt werden. Früher war der Partner von vielen anderen Gestalten umgeben. Jetzt steht er ganz vorn im Rampenlicht. Und seine Macken sind wie die meinen nicht geringer geworden. Das erleichtert nicht immer das Zusammenleben. Beide müssen sich neu orientieren, da reibt man sich schon gelegentlich aneinander, zumal man im Alter eher anspruchsvoller wird. Natürlich ist es schön, gemeinsam alt zu werden im gesprächsbereiten Verstehen. Aber es kann auch trostlos sein im wortlosen Gegeneinander.

Nachelterliche Gefährtenschaft nennen sie das im schönsten Bürokratendeutsch, wenn die Nachkömmlinge das elterliche Haus verlassen haben. Zuerst fällt da nicht viel auf. Noch stecken beide im Beruf oder haben doch jedenfalls ihr Eigenleben. Sie verbringen nur kurze Abschnitte des Tages gemeinsam. Im Alter wird alles anders. Sie leben nicht nur isolierter, sie hocken auch ständig zusammen. Da wird der Alltag ganz schön mächtig. Plötzlich stellt sich heraus, die vorelterliche Gefährtenschaft war eigentlich ziemlich kurz. So bis ins Letzte kennt man sich vielleicht gar nicht. Die Gemeinsamkeit muß erst wieder auf einer neuen Ebene gefunden werden. Das kann ein bißchen dauern. Währenddessen scheint es gar nicht sicher, ob man seine eigene Liebesfähigkeit überhaupt noch einsetzen kann. Denn der Wunsch nach Wärme und Geborgenheit kämpft heftig gegen getrennte Neigungen und ungleiche Pflichtenverteilung. Wohl denen, die dennoch erleben, mit wieviel Verinnerlichung man beschenkt werden kann, wenn man gemeinsam altert.

Die Zweisamkeit ist kein Garant gegen Einsamkeit. Immerhin gesellt sich Einsamkeit nicht nur zum Alter oder zum Alleinsein. Als ob ich nicht auch mitten unter den Menschen sehr einsam sein könnte! Wie viele Kinder, Jugendliche und Menschen im mittleren Alter fühlen sich vereinsamt! Oh nein, da lasse ich dem Alter nicht wieder einen falschen Stempel aufdrücken. Wir waren auch vor dem Ruhestand von vielen Einsamkeiten umgeben. Wenn ich nur an die Nächte am Bett der kranken Kinder denke, an die Tage im Lager nach heimlichen deutsch-deutschen Grenzübergängen, an die Stunden vor Examen oder die Zeit nach dem Tod der Eltern. Ich bin in meinem Leben oft genug der grundlegenden Einsamkeit eines jeden Menschen begegnet, um mich heute getrost auf sie einlassen zu können.

Aller Anfang ist auch dabei schwer. Meist aber sieht die Wirklichkeit nur genau so aus, wie ich sie anschaue. Betrachte ich mich als bejammernswert, werde ich es auch bald sein. Einsamkeit läßt sich aber auch positiv empfinden. Lasse ich mich willig auf sie ein, erzählt sie mir eine ganze Menge über meine Reserven. Über Langeweile oder Alleinsein hilft mir der Verstand hinweg. Will ich der Einsamkeit standhalten, muß ich meinen Gefühlen vertrauen. Früher fürchtete ich, das Leben draußen könnte einst zu weit weg sein, um daran teilzunehmen. Das ist lange verflogen. Ich habe begriffen, daß ich mit Kopf und Herz jederzeit das Draußen hereinholen kann. Und ebenso kann ich mich mit ihnen nach draußen begeben, selbst wenn mich die Beine nicht dorthin tragen. Wo das Zentrum der Ereignisse wirklich liegt, ist noch längst nicht ausgemacht.

Daran besteht kein Zweifel, der Mensch ist ein soziales Wesen. Seine Bindungsfähigkeit aber greift weiter als nur zu den Mitmenschen. Auch Wiesen, Bäche, Wälder und ihre Bewohner sind Mitgeschöpfe. Tiere, Bäume und Pflanzen können zu Freunden werden. Sie vermitteln wortlos Nähe, was in diesen Zeiten des pausenlosen Geschwätzes eine wahre Wohltat ist. Ich gestehe, es hat mich allein aus diesem Grund oft gelockt, der Welt wie weiland August von Sachsen zu begegnen. Wir nehmen alles als selbstverständlich hin, aber eigentlich ist es schon ein Wunder. All dies Kommen und Gehen von Tag und Nacht, von Keimen, Wachsen, Reifen, Welken, Versamen mag ich mir nicht nur mit der Umlaufbahn um die

Sonne erklären. Wenn ich diesem Gesetz nachspüre, lerne ich, Alter ohne Resignation zu erleben. Vergehen und Werden trägt ja das Geheimnis der Wiederkehr in sich. Wir wissen nicht wie, ich bin keine Anhängerin bestimmter Lehren, aber auf irgendeine Weise bleiben wir beständig.

Im Garten habe ich mir das Vermögen zurückerobert, meine Augen, Ohren, Hände und Nase gleichzeitig zu gebrauchen. Viel zu lange hatte ich alles über das Hirn geleitet. Jetzt fühle ich mich verflochten mit vielerlei Leben. Alle Dinge teilen denselben Atem, wie die Indianer sagen. Statt der Saison erlebe ich die Jahreszeiten, statt dem Konsumgerümpel umgeben mich Lebewesen und Grün, statt des öffentlichen Trubels betrachte ich Wolken und Sturm. Ich lerne mich einzufügen. Ich lerne mich zu bescheiden. Ohne jede nostalgische Schwärmerei fühle ich, daß ich zu den Ursprüngen zurückkehre. Eingewoben in das Netz alles Lebendigen wie ich bin, ist Einsamkeit für mich aufgehoben. Da ist ein gemischter, vielstimmiger Klang zusammengekommen. Zugleich spüre ich, wie in diesem umfassenden Geflecht etwas in mir groß wird, mit dem ich – vielleicht – der letzten, großen Einsamkeit begegnen kann.

SUMME DES LEBENS

oder das Schweigen über den Tod

Wäre es nicht so unwiderruflich, würde das Alter die Menschen vielleicht weniger stören. Wir erleben mit ihm ja erstmals etwas, das nicht vorübergeht, das die Zeit nicht mildert. Das erschreckt zunächst. Zumal das Ergebnis der vorausgegangenen Jahre nicht immer befriedigt. Der Mensch findet sich nun einmal ungern damit ab, daß er nicht alles dirigieren kann. Wir waren so angenehm daran gewöhnt, immer noch ausbessern zu können oder zumindest ein bißchen an der Schraube zu drehen. Nun nehmen wir dem Alter übel, wie endgültig es sich gebärdet. Manch einer glaubt sogar, er hätte nun nicht mehr viel vor sich. Ich bestreite das entschieden. So vollständig hat keiner die früheren Jahre ausgeschöpft, als daß ihm die Alterstage nicht noch etliches Unbekanntes bescheren könnten. Einfach lächerlich, zu behaupten, uns Alten bliebe nun nichts anderes mehr, als auf das Ende zu warten. Da kennen sie uns aber schlecht. Ich werde nie zu alt sein, nie zu müde, um nicht noch frische Fuder in die Scheuern einzufahren.

Max Frisch behauptet, jeder Mensch erfände sich früher oder später eine Geschichte, die er für sein eigenes Leben hält. Treffend gespottet! Aber wie soll ich fertig werden mit dem Schulmädchen, der Studentin, der Braut, der Aufklärerin, Vorkämpferin, Weltbürgerin, Feministin, wenn ich sie nicht durch einen roten Faden verbinde? Frisch hätte nur hinzufügen sollen, daß dies Verfahren höchstens für die ersten siebzig Jahre taugt. Danach muß ich sie wieder aufdröseln, die Geschichte, muß ihren Kern herausschälen. Ich brauche ja mein unverfälschtes Ich als Begleiterin für meine letzten Jahre. So lasse ich sie denn Revue passieren, alle die inneren Schwestergestalten. Jetzt kann ich ja friedlicher mit ihnen umgehen als zu der Zeit, da sie am Zuge waren und allein den Ton angeben wollten. Sie lassen sich freundlich darauf ein, mir von mir selbst zu erzählen. Und sie helfen mir, zu meinen Wurzeln zurückzufinden. Das habe ich auch sehr nötig, weil ich noch manch harten Strauß auszufechten habe.

Von trauter Altersidylle bin ich jedenfalls weit entfernt. Dazu bohrt denn doch zu sehr die Frage, warum ich nicht immer mein Bestes gab. Wie oft habe ich es verfehlt, weil ich mich mitreißen ließ von falschen Gefühlen, nicht duldsam, nicht verständnisvoll war, nicht genügend nachdachte, nicht warten konnte, zu mutlos nachgab. Fehler auf Fehler, wohin ich auch blicke. Und ich finde es gar nicht lustig, wenn die Endlosliste meiner Unterlassungen, Egoismen, Vergeßlichkeiten, Mißgriffe und Lieblosigkeiten an mir vorüberzieht. Ach und wehe über die vielen versäumten Gelegenheiten, Gutes zu tun, Beständiges zu säen und das Richtige zu sagen. Und sie enden nimmer, die Versäumnisse und Schnitzer. Noch immer gehen die Gäule mit mir durch, noch immer habe ich den Gipfel der Weisheit nicht erklommen. Nur meine Grenzen habe ich erspäht.

Ich weiß nun, wie vielen Irrtümern ich nachjagte, wie viele Fehlgriffe ich tat und unendliche Mengen von Reinfällen provozierte. Aber anders kann ein gelebtes Leben wohl nicht aussehen. Selbstverständlich habe ich nicht alles erreicht, was ich mir vornahm. Im Gegensatz zu abstrakten Idealgestalten lebe ich eben in der Wirklichkeit. Wenn ich klug bin, schraube ich deshalb meine Ansprüche an mich nicht zu hoch. Auch wenn es schwer fällt, ich nehme meine Unzulänglichkeit an. Ich muß mit der Ernüchterung über mich selbst leben können. Das Alter ist die lange Stunde der Wahrheit. Viele, sehr viele Dinge kommen ans Licht, die jahrzehntelang verdeckt blieben. Wahrscheinlich klebt manch einer so fest an seiner bisherigen Tätigkeit, weil er fürchtet, diese Stunde schlagen zu hören.

Was ich jetzt durchlebe, ist die Summe meiner gelebten Tage. Wie sollte ich da nicht allerlei mitzuschleppen haben! Die vorgeschobenen Ohnmachtsgefühle zum Beispiel, während ich eigentlich nur zu lau war. Oder die im Schoß gefalteten Hände, die in der Tasche gebliebene Faust. Indessen, habe ich nicht inzwischen gelernt, daß auch meine Mängel und Irrwege zu mir gehören? Woher nehme ich die Vermessenheit, alles großartig hinbekommen zu wollen? Ich sollte doch nun wissen, daß ich besser herunterklettere vom hohen Roß meines Ehrgeizes, alles perfekt erledigen zu wollen. Fehlerhafte Geschöpfe, die wir nun einmal sind, dürfen wir uns trotzdem gern haben. Nicht, daß ich mir nun jeglichen Fehler verzeihe. Aber ich argwöhne nicht mehr, ich hätte sie alle nicht machen dürfen. Ich bin eben keinesfalls die Krone der Schöpfung. Allenfalls bin ich damit begabt, immer neu zu versuchen, es besser zu machen.

Das ist auch nötig. Denn er läßt uns ja auch als Alte nicht ungeschoren, der heillose Zustand der Welt. Wie kann man weiterleben in Beschaulichkeit angesichts all des schrecklichen Elends ringsum. Darf man überhaupt aufhören, Gefahren abwenden zu wollen? Wie soll ich damit fertig werden zu wissen, ich habe nicht genügend dagegen getan. Viel zu oft habe ich mit dem Kopf genickt, habe mich geduckt, wo ich hätte widerstehen sollen, bin nicht wütend genug gewesen, habe mich feige gedrückt und nicht hinlänglich zäh das Ziel verfolgt. Bin ich des ständigen Kampfes gegen die Arroganz der Macht nicht viel zu schnell müde geworden?

Und obendrein war ich dumm. Einfach ahnungslos und dumm. Wenn ich nur daran denke, wie wir uns zu den Atommeilern und dem Giftmüll haben verführen lassen! Vom Krieg der Sterne und dem Nervengas ganz zu schweigen. Mitgesungen haben wir noch, erinnern Sie sich? »Whatever will be, will be, the future is not ours to see«. Ja gewiß, wir konnten das, was sie mit den Hühnern und Kälbern und den Genen machen würden, nicht voraussehen. Auch nicht das Cadmium, Quecksilber, Blei und was weiß ich noch auf dem Salat und in den Körpern unserer Kinder. Ein mächtiger Ohrwurm war das Lied außerdem. Aber, daß man nicht einfach sagen darf, was kommen muß, das kommt, das habe ich auch schon ohne Halbwertzeit und Bequerel gewußt.

Entrüstung und Empörung, ja Zorn, sie sind das Pfand unserer Zeit, das auch wir Alten einlösen. Sie brechen in unsere Ruhe ein. Aber sie verbinden uns auch mit den Nachdenklichen unter den Jüngeren. Wir gehören da zu einer wachsenden Gemeinschaft. Und dennoch, – blicke ich auf meine Enkel, kann ich mir nicht nachsehen, wie gemach meine Tage verstreichen. Was können sie dafür, daß wir keine anderen Umgangsformen fanden, als uns gegenseitig arm zu rüsten? Warum müssen sie es ausbaden, mit drastischen Einbußen für die Qualität ihres Lebens, wie besessen wir nach Besitz jagten und die Natur ausbeuteten? Schon jetzt zahlen sie mit einer medienbeherrschten, warenverstopften Kindheit einen hohen Preis für unsere blinde Fortschrittsgläubigkeit. Und welche Folgen werden sie noch tragen müssen! Nein, da fühle ich mich gar nicht so gut. Diese Bürde wirft einen schweren Schatten auf meinen Lebensabend. Hier gibt es keinen Freispruch.

Wie die Alten sungen, so zwitschern die Jungen, das ist also vorbei. Von uns gibt es nicht mehr so viel zu lernen. Dafür sorgen schon die neuen Technologien. Nicht einmal wir können noch etwas mit den Erfahrungen unserer Vorgänger anfangen. Jede neue Altengeneration ist ihre eigene Avantgarde, so schnell wandeln sich die Gewohnheiten. Unsere Erfahrungen stammen aus der Weimarer Republik, der Inflations- und Nazizeit, dem Zweiten Weltkrieg und dem unbekümmerten Wirtschaftswachstum. Da können wir unseren Nachkommen doch nur wünschen, daß sie niemals gebraucht werden.

Sagt unsere Lebenserfahrung den Kindern und Enkeln, wie sie den Atommüll entsorgen oder den Hunger in der Dritten Welt besiegen? Könnten wir Alten uns doch bloß abgewöhnen, überall unsere

Ordnung hinpflanzen zu wollen, wir hätten es leichter. Mir geht es ja wie Ihnen, es tut weh, das so mühsam Begriffene einfach versinken zu sehen. Was aber treibt uns eigentlich, daß wir unbedingt geordnete Verhältnisse hinterlassen wollen? Das mag ja auf dem privaten Sektor für Erben ganz bequem sein. Aber sonst wird es Zeit einzusehen, daß es auch ohne unsere Ratschläge weitergeht. Die Weltgeschichte ist nun schon so alt, sie hat die Torheiten so vieler Generationen überstanden, sie wird auch unser gar nicht immer so löbliches Tun überstehen. Habe ich nicht zwischen Erfolgen und Verlusten einsehen gelernt, daß nichts sicher ist? Auch nicht im Alter, in dem die Hoffnung auf Gewißheit so drängend wird. Jede Idee, jeder Weg kann zweifelhaft werden. Menschen vermögen nichts Sicheres zu schaffen.

Warum nicht auch bescheidener werden? Ich weiß doch, ich bin um meiner selbst willen hier und nicht wegen meiner Leistungen. Niemand, der mein Leben kennt, würde behaupten, ich sei vom Schicksal ungebührlich verwöhnt worden. Und trotzdem fühle ich mich durch ein pralles Leben begünstigt. Manch ein Wunsch blieb unerfüllt. Dennoch quält mich nicht das Gefühl, etwas versäumt zu haben. Ich mag ungeduldig sein, aber undankbar bin ich nicht. Nie käme mir der Gedanke zu fragen, ob das alles gewesen ist. Es war doch ein gerüttelt Maß an Herrlichkeit, trotz aller Schmerzen. Ich habe so vieles besessen, so vieles durchkostet, so vieles geschenkt bekommen und mir erobert, da darf es doch auch einmal Schluß sein. Auch wenn es noch schön ist, denke ich manchmal, es ist auch genug. Mich ängstigt nicht mehr, daß meine Zeit befristet ist. Aber nein doch, lebensmüde bin ich nicht. Eher schon das, was lebenssatt genannt wird. Obgleich ich zum satt sein noch zuviel Appetit verspüre, zu teilnehmend und wißbegierig bin. Mittlerweile gesellt sich aber etwas Neues dazu: die Lust an der Stille.

Ich finde es rührend, wenn alle Welt sich darum sorgt, wie meine letzten Lebensjahre noch auszufüllen wären. Zu schade, daß keiner darauf kommt, es muß nicht alles krampfhaft ausgefüllt sein. Manche reden gar von verlorenen Jahren. Verloren gilt ja heute die Zeit, in der ein Mensch keine äußeren Erfolge verbucht, kein Vorwärtskommen registriert und keine Besitzmehrung oder Beförderung zu vermelden hat. So gesehen könnte das Alter dazu gehören. In unseren Jahren klettern wir kaum noch höher auf der sozialen Stufenleiter. Welch eine schreckliche Auffassung vom Leben ist das jedoch. Als ob es uns eine materielle Jahresrendite schuldig wäre. Wie können Jahre verloren sein, in denen wir Liebe und Anteilnahme empfangen und weitergeben, in denen wir erfahren, was über den Menschen hinausragt. Wir wachsen ja immer noch. Und jedes Jahr setze ich neue Ringe der Reife an. Gewonnene Jahre sind das, erst recht, weil ich nun auch zur Ruhe finde. Das ist doch ein wunderbarer Zustand nach den brausenden Aktivitäten, aufgehoben zu sein in der Stille. Manche Menschen klammern sich an ihre Geschäftigkeit. Sie würden am liebsten in den Sielen sterben. Mir scheint das Leben dann aber gar zu unvollständig. Die Suche nach der anderen Wirklichkeit, die sollte uns doch gegönnt sein. So lange habe ich nicht ausgeruht. Jetzt will ich innehalten, nachdenken, wiederholen, in mir selbst verharren. Erinnern heißt jetzt, sich mit seinem Sein verbinden.

Das Alter erlaubt uns eine sehr existentielle Lebensweise. Manches wird leiser, wird verhaltener, aber es gründet fester. Das Getriebensein ist vorbei. Das Alter stützt mich, wie eine alte gute Freundschaft stützt. Es läßt mich tiefer in die Dinge hineinblicken und nicht nur auf den äußeren Schein. Stille bedeutet ja keineswegs Stillstand. Sie hat auch nichts mit Resignation, mit geträumter heiler Welt oder dem Glück im Winkel zu tun. Die Fragen hören nie auf. Aber es wächst ein großes Begreifen von den Beglückungen dieses Lebens. Manchmal sogar ein Ahnen, wie der Mensch vom Endlichen zum Unendlichen gelangen kann. Diese Stille schenkt mir so etwas wie Selbstvergewisserung. Ich kann sie schwer beschreiben. Doch sie erscheint mir wie ein Quell, aus dem sich alle meine Kräfte nähren. In kostbaren Augenblicken spüre ich Frieden. Danach könnte ich süchtig werden.

Wie jeder Mensch wünsche ich mir keine Gebrechen, kein allzu krasses oder schmerzhaftes Verweigern meines Körpers oder meines Geistes. Ich weiß aber auch, wir müssen das Tor aufmachen für *alles* Erleben, auch für Krankheit und Ungemach. Wenn ich dem Leiden auch nur zu gern entfliehen würde, es läßt mich doch auch mein Menschsein spüren. Und darin steckt mehr als nur zu funktionieren. Deshalb wird mein Wert auch nicht geringer, nur weil ich krank bin. Ich kenne viele Kranke, deren ungebrochener Lebensmut tief beeindruckt. Da ist die alte Dame, zu der die Menschen mit Vergnügen kommen. Für jeden hat sie, trotz Schmerzen und Unbeweglichkeit, ein gutes Wort und nützlichen Rat bereit. Oder aber der seit Jahren ans Bett gefesselte Kranke, der seine Besucher viel spüren läßt von der Kraft seines beweglichen Geistes. Keiner geht ungestärkt davon. Und meine alte Gemüsefrau steckt auch noch nach der dritten Operation mit ihrem Mutterwitz und gesunden Menschenverstand jedweden in die Tasche. In diesen Kranken steckt weitaus mehr Stärke als in so manchem Erfolgstyp. Man kann anderen noch sehr viel geben, auch wenn man selbst mit seinen Belastungen nur schwer zurecht kommt.

Viele entdecken in den Jahren ihrer zunehmenden Schwäche eine Stärke in sich, die sie nie vermutet hätten. Dennoch muß auch die praktische Seite möglicher Erkrankung mit Pflegekostenversicherung und

Auswahl des Heimes bedacht sein, wenn die Finanzen es erlauben. Zwar sind selbst von den über 80jährigen nur ein knappes Drittel krank, ich möchte aber, falls es mich denn trifft, niemandem zur Last fallen. Ich bin bereit, auch die weniger angenehmen Kapitel der sozialen Veränderung zu schlucken und wünsche mir keinesfalls die berühmten »heroischen Töchter«. Noch weniger würden mir Schuldgefühle meiner Angehörigen behagen. Gern werde ich annehmen, was aus liebevollen Impulsen gespendet wird. Aber ich möchte nicht gezwungen sein, Rücksichten zu fordern. Für alles im Leben müssen wir unser Scherflein entrichten. Wenn es denn sein muß, werde ich als Ausgleich für meine jetzige Unabhängigkeit fremde Hilfe ertragen.

Ich mache mir nichts vor. Es wird Tage geben, da brauchte ich mehr, als ich bekommen werde, um am Leben zu bleiben. Ja sicher, wir kennen heute viele diagnostische, apparative, therapeutische und medikamentöse Hilfen, doch die sind alle steril. Menschliche Hilfe ist weniger bekannt. Ärzte wollen meine Gesundheit erhalten, nicht mich. Deshalb büße ich auch mit jedem neuen Heilungsversprechen ein Stück meiner Entscheidungsfreiheit ein. Ihr Eid gilt ihrer Kunst, nicht meiner Person. Gerade die aber ist mir wichtig. Deshalb lasse ich mir gern erzählen, wie Krankheit auch neue Ausblicke eröffnen kann. Von der Hauswartsfrau beispielsweise, die zum ersten

Mal in ihrem Leben lernt, sich ein bißchen zu verwöhnen, oder von der Nachbarin, die endlich ihre eigene Körperlichkeit verstehen lernt. Eine alte Schulfreundin schwört darauf, die Melancholie als häufige Krankheitsbegleiterin vermittle auch schöpferische Anstöße. Offenbar dürfen wir Krankheit nicht nur abwehren. Sie läßt uns deutlicher als früher die wechselseitige Abhängigkeit von Körper und Seele durchleben. Und kann Krankheit als langsame Annäherung an den Tod nicht auch eine Chance sein? Sie nimmt ihm den jähen Schrecken und macht vielleicht ein sanftes Hinnehmen möglich.

Leicht wird uns Alten das nicht gemacht. Der Tod ist ja ausgebürgert. Im modernen Leben ist kein Schmerz mehr zugelassen. Folglich muß auch das Sterben draußen bleiben. Es erscheint als unheilvoll und ungeordnet und muß darum möglichst unauffällig kanalisiert und seiner Schrecklichkeit entkleidet werden. Am dringlichsten erscheint am Tod, daß er möglichst dem Blickfeld entschwindet. Wir sollen nach der gängigen Floskel »anständig« sterben. Das heißt ja wohl, wir sollen den Hinterbliebenen nicht zu viele Emotionen zumuten.

Mir kommt es ungeheuer töricht vor, den Tod zum Tabu zu erklären. Er gehört immerhin zu den wichtigsten Ereignissen im Leben eines Menschen. Auch wenn er unsichtbar gemacht wird, bleibt er uns gewiß. Er ist deshalb etwas sehr Lebensnahes. Gewiß, da kommt etwas Unbekanntes auf mich zu, etwas, das ich noch nicht erprobt habe. Aber das war doch schon öfter so, und verdrängen hat da noch nie geholfen. Ich möchte das Wissen um den nahenden Tod nicht verstecken. So verkrampft, wie wir mit ihm umgehen, kommt er dann aus dem Hinterhalt. Ich will aber vorbereitet sein. Denn ich hoffe, er wird mir so natürlich vorkommen, wie er ist.

Da wir nicht wissen, wann der Tod uns erwartet, sollten wir ihn erwarten. Gewiß wäre es am leichtesten, wenn er mich überraschte. Am zweitschönsten aber wäre es, könnte ich mit ihm vertraut werden. Darum fällt es mir nicht schwer, mich mit ihm zu beschäftigen. Welch seltsame Vorstellung, er rücke uns nur im Alter näher. Das tut er schließlich das ganze Leben. Ich habe ihn schon immer mit hineingenommen als etwas, das unverbrüchlich dazu gehört. Sich für den Tod bereit zu machen meint ja auch, eindringlich gelebt zu haben. Und viele kleine Tode habe ich schon hinter mir, denke ich an all das, was mir auf meinem Lebensweg verloren ging. Und dennoch verändert sich etwas. Einst war er eine blasse Möglichkeit, jetzt wird er eine ständig wachsende Wahrscheinlichkeit. Ich kann ihn allmählich zuordnen, und damit wird er real. Er bekommt immer mehr mein Gesicht und meinen Namen. Und warum auch nicht? Wenn wir mit vierzig beginnen, unser Alter vorzubereiten, wird es mit siebzig wohl auch Zeit, an den Tod zu denken. Ich will seine Nähe auch nicht verheimlichen. Denn ich denke, wir sollten unseren Angehörigen ein Stück des Vorerlebens nicht verwehren.

Es ist ohnehin nicht so sehr der Tod, vor dem wir uns fürchten, als vielmehr das Sterben. Wir fürchten, es könnte qualvoll sein. Wir fürchten, uns nicht wehren zu können gegen den Versuch, unser Leben zu erhalten, auch wenn es uns nicht mehr lebenswert erscheint. Vor dem Verlust unserer geistigen Fähigkeiten fürchten wir uns und davor, unseren Kindern und Freunden in fast gespenstischer Erinnerung zu bleiben. So weit wie möglich habe ich vorgesorgt. Ich gehöre einer der Gesellschaften an, die sich um Sterbende kümmern. Eine Patientenerklärung gegen das sinnlose Hinauszögern des Sterbens ist hinterlegt. Das Haus ist bestellt und ein Testament gemacht. So weit, daß ich mir eine Grabstelle aussuche oder gar den Text der Todesanzeigen verfasse, geht es bei mir nicht. Was nach mir geschieht, überlasse ich denen, die ihre Form der Trauer finden müssen.

Ich wünsche mir nur, meinen eigenen Tod sterben zu dürfen, einen, der meinem Leben und Denken entspricht. Wenn möglich, möchte ich bei Bewußtsein sterben, nicht fremdgelenkt zwischen Apparaten und Schläuchen. Davon träumen wir ja alle, noch ein bißchen Würde zu behalten. Das sieht auf der Leinwand immer so schön aus. Ich würde gern mein Einverständnis erkennen lassen und zeigen, daß ich den Tod annehmen kann, wie ich das Leben angenommen habe.

»Herr lehre uns bedenken, daß wir sterben müssen, auf daß wir klug werden«, sagt der Psalm. Ja, es ist Zeit, klug zu werden. Wenn ich nur wüßte, was klug ist. Die Meinungen gehen da sehr auseinander. Manchmal weht mich die Kälte des kommenden Nichts an, und manchmal meine ich, die Wärme einer unendlichen Geborgenheit zu spüren – was wissen wir schon? Die Unfaßbarkeit des Todes, sie wird wohl immer bleiben. Und dennoch vertraue ich ihm. Ob wir dann wohl ein wenig verstehen, was mit allem gemeint war?

Ich lasse nicht von der Hoffnung, dann bin ich ganz befreit. Und frei möge man uns auch lassen, wenn es um den Sinn geht. Ich denke mir, jede und jeder zieht auf irgendeine Art Bilanz. Dabei sollte niemand vorschreiben, in welcher Münze gezählt wird. Wahrscheinlich möchten alle sagen können, daß das eigene Leben eine Spur hinterläßt. Ob diese aber in den Kindern, in großen Taten, im gefälligen Zierat oder im berühmten Apfelbäumchen zu finden ist, das muß jeder selbst entscheiden dürfen. Ich habe mich viel geirrt und tue das noch, und keinesfalls bin ich jederzeit edel und gut. Dennoch glaube ich, mein gelebtes Leben bleibt als etwas Positives und wirkt, auch wenn ich nicht mehr bin, als Kraft weiter.

Ich habe das unbedingte Gefühl, der Kreis meines und allen Lebens müsse sich schließen. Wie ich gekommen bin, so reihe ich mich in die unendliche Kette wieder ein. Jede Lebensgeschichte ist doch zugleich auch eine Sterbensgeschichte, und die muß sich vollenden. Ich bin wohl auch nicht mehr sehr weit davon entfernt, zustimmend sagen zu können, jetzt darf es sein. Es ist ja auch erleichternd, diese nimmermüden Hirnzellen, dieses sich ständig verändernde Bewußtsein zur Ruhe zu bringen. Und mit der Gewißheit des Abschieds nimmt die Innigkeit des Erlebens zu. Werden uns die Grenzen des Daseins bewußt, strahlt seine volle Schönheit auf. Wenn ich das geschafft habe, müßten eigentlich köstliche Tage folgen...

*Genug jetzt ausgeplaudert. Genug auch gefragt, ge-
mustert, gezweifelt, aufbegehrt und gescholten. Nun
schweige ich und höre denen zu, die sagen, es sei alles
ganz anders. Warum auch nicht? Der Lebensabend
kann auf vielerlei Weise glücken. Jeder lebt sein eigenes Leben, zieht eine andere Spur. Ich werde deshalb
nicht dawiderreden, solange es dabei bleibt: das Alter
ist wundervoll.*

*Ich habe mich oft wiederholt. So vieles war zu lo-
ben. Manches blieb ungesagt. Das Leben läßt sich nur
in Ausschnitten beschreiben. Als Ganzes kann es nur
gelebt werden. Ich habe mir auch oft widersprochen.
Wir sind nicht nur so, wir sind immer auch anders. Es
gibt niemals nur eine Wahrheit, wie sollte es die einzige über das Alter geben?*

*Die Welt von uns Alten geht unter. Aber die der Nach-
kommen wird es auch tun. Leben ist stete Veränderung. Auch das Alter kennt noch mehrere Stufen. Ich
weiß, ich stehe auf der ersten, der angenehmsten. Auf
eine geheimnisvolle, schwer zu bestimmende Weise
macht sie mich sicher und bereit für das Uralter. Ich
hoffe, daß ich dann immer noch bekenne: das Alter ist
ein kostbares Geschenk. Wir müssen nur unserem eigenen Urteil mehr trauen als allem Gerede.*

*Wehe den Alten? Unsinn. Wehe den Jungen, die sich
nicht auf die Erntezeit freuen können.*

Ingelore Ebberfeld
»ES WÄRE SCHON SCHÖN,
NICHT SO ALLEIN ZU SEIN ...«
Sexualität von Frauen im Alter
219 Seiten, DM 39,–

In letzter Zeit häufen sich Veröffentlichungen zum Thema der »Alterssexualität« von Frauen. Aber – so die zentrale Frage der Autorin – ist überhaupt von der »Alterssexualität« zu sprechen? Gibt es einen für jede Frau gültigen Maßstab? Erwartet Frauen im Alter ein plötzlicher Umbruch, so daß es zu der sogenannten Alterssexualität kommt?
Um diese Fragen zu beantworten, durchforstet die Autorin zunächst den Dschungel des wissenschaftlichen Materials. Ihr Einblick in die Arbeitsweise und Ergebnisse der Sexualwissenschaft räumt viel Wissensmüll aus dem Weg und erlaubt eine Relativierung der Aussagen über weibliche Sexualität.

Campus Verlag · Frankfurt/New York

Aus unserem Progamm

Emily Martin
DIE FRAU IM KÖRPER
Weibliches Bewußtsein, Gynäkologie
und die Reproduktion des Lebens
272 Seiten mit 40 Abbildungen, DM 38,–

»Emily Martin leistet eine kritische Auseinandersetzung besonders mit den Gemeinplätzen der Medizin, zumal der Gynäkologie. So untersucht sie die Themen Geburt, Menstruation und Wechseljahre. Was als Biologie gilt, wird als Ideologie entlarvt. Die von ihr analysierte Monstrosität ist medizinischer Alltag – hierin liegt das eigentliche Skandalon dieses faszinierenden Buchs.«

Brigitte Haberer, Süddeutsche Zeitung

Campus Verlag · Frankfurt/New York